Luna llena en las rocas

Xavier Velasco

Luna llena en las rocas
Crónicas de antronautas y licántropos

LUNA LLENA EN LAS ROCAS
D. R. © Xavier Velasco, 2000, 2005

ALFAGUARA^{MR}

De esta edición:
   D. R. © Santillana Ediciones Generales, S.A. de C.V., 2005
   Av. Universidad 767, Col. del Valle
   México, 03100, D.F. Teléfono 54207530
   www.alfaguara.com.mx

- Distribuidora y Editora Aguilar, Altea,Taurus, Alfaguara, S.A.
  Calle 80 No. 10-23. Santafé de Bogotá, Colombia
  Tel: 6 35 12 00
- Santillana S.A.
  Torrelaguna, 60-28043. Madrid
- Santillana S.A., Avda. San Felipe 731. Lima.
- Editorial Santillana S.A.
  Av. Rómulo Gallegos, Edif. Zulia 1er. piso
  Boleita Nte. Caracas 1071. Venezuela.
- Editorial Santillana Inc.
  P.O. Box 5462 Hato Rey, Puerto Rico, 00919.
- Santillana Publishing Company Inc.
  2043 N. W. 86 th Avenue Miami, Fl., 33172 USA.
- Ediciones Santillana S.A. (ROU)
  Javier de Viana 2350, Montevideo 11200, Uruguay.
- Aguilar, Altea, Taurus, Alfaguara, S.A.
  Beazley 3860, 1437. Buenos Aires.
- Aguilar Chilena de Ediciones Ltda.
  Dr. Aníbal Ariztía 1444.
  Providencia, Santiago de Chile. Tel. 600 731 10 03
- Santillana de Costa Rica, S.A.
  Apdo. Postal 878-150, San José 1671-2050, Costa Rica.

Primera edición: noviembre de 2005

ISBN: 970-770-327-X

D. R. © Diseño de cubierta: Sergio Gutiérrez

Impreso en México

Índice

Encore en el *Far West*

Al Obispo y la Chíchara,
con el alma.

A José Luis Martínez S.,
con la tinta.

La noche es un garage de doble fondo.
JAIME LÓPEZ, *De noche*

A cada puta le llega su botellazo.
PROVERBIO

Salir de noche y no mirar la luna es como dar el cuerpo sin el alma. Pero exponerse a ella, y a sabiendas retarla, como se desafía a Purgatorio por causa de Amor, es firmar la liberación de nuestros lobos y aceptar la metamorfosis consecuente: nos crecerán colmillos, garras, pelos, y a fuerza de codearnos con las fieras aullaremos más lejos, gruñiremos más hondo, jadearemos más quedo. Y después, cuando el terco reptar por los pantanos consiga consagrar nuestro plumaje, cruzada la frontera donde el mismo Luzbel nos será indiferente, descubriremos, sin asombro casi, que en la taquilla no hay boletos de regreso. Lunático soliviantado por monstruos mustios, cínicos e impunes, el noctámbulo sólo sabe de una culpa honesta: la de dormir de noche. ¿Cómo no arrepentirse hasta el suplicio de haber cedido al guiño de la almohada, cuando tan bien sabemos que es de noche cuando la verdadera vida estalla, y que tras sus trincheras aguardan los milagros? No he seguido a mis monstruos por la penumbra urbana en busca de placeres, ni de amores, ni de amigos; no he hecho sino acatar las veleidades de un morbo con licencia, prisa y causa. Este libro es la huella de ese morbo.

Trópico de Venus

I

Una de las quimeras más perseguidas en Acapulco se llama: peligro. Sobran quienes lo buscan bajo el cobijo solar, en el riesgo cotidiano de los deportes marinos. Pero tales no son, para el genuino intrépido, sino tibios preámbulos del calor verdadero: aquel que asciende por el asfalto de la Costera, como el agua vuelta vapor que sigue lerda el camino de las nubes, cuando la noche se abre y las luces de la calle dibujan el sendero hacia penumbras exquisitas.

Mas el buscador de peligro suele desdeñar, por ordinarios, aquellos placeres que habitan la Costera, escondrijos un tanto predecibles donde la pasión no es aventura sino camino estratégico hacia la satisfacción del instinto. Un pelito nostálgico y siempre sediento de moho nocturno, el buscador de peligro prefiere hablarle derecho al taxista y solicitarle, disfrutando callado de la vergüenza que ocasiona el anacronismo confeso, que por favor lo lleve a la Zonaja: reino correoso desterrado de la moda por el arribo de dos ciclones, a saber: el sida y el Tavares.

No es que en la Costera, o en el Tavares, o en la pista misma del Baby O, se viva a buen resguardo de las galopantes inmunodeficiencias; la verdad es que el riesgo, como a todo valiente consta, depende poco del espacio geográfico donde el ansiado lance ose verificarse —las mejores familias están, no del todo a su pesar, cada día más cerca del burdel que del confesionario—. Pero la moda es tirana sin corazón, a la que poco importa si Zutano, por el candoroso hecho de haber dejado cierta vez el *quinto* en alguna de las habitaciones de La Huerta, siente como ganitas de regresar, aunque sólo sea para recuperar la magia de sentirse un intruso en el Trópico de Venus.

Mas no obstante los vientos, a la libido intrépida la moda le incomoda, pues se siente más en confianza recorriendo las sendas fangosas de la Zonaja que trastabillando entre los *yuppie few*, con la tortuosa pinta de un mendigo de amor. El problema, duele decirlo, es que la moda se ha ensañado con la Zonaja: hoy día, la desolación que ha invadido a cada una de sus cavernas, con la muy relativa excepción de La Huerta, es capaz de partirle el corazón a cualquier libertino —la clase de persona que, a despecho de las sesudas palabras del Marqués, resulta fácil presa de las debilidades sentimentales.

Hace tiempo el Infierno se vació de inquilinos. Sus criptas penumbrosas, otrora madrigueras de culpas y catarros inguinales, son hoy vestigio pálido del esplendor cachondo que una vez gobernó. Apenas a las dos de la mañana, la callejuela que dio fama y personalidad a la vieja Zonaja dormita como un camposanto. Y al fondo de esas criptas, movidas por un ruido con poco eco, las gélidas parejas hacen como que bailan, con la pista entera a su escasa disposición.

Como en los viejos tiempos, a uno se le siguen erizando los cabellos castaños cuando alguna hipopútama lo nombra *¡Güerito!* desde la orilla opuesta de la calle. Pero ahora ya no es el viejo miedo a lo desconocido, sino la certidumbre de la desolación, eso que pone tensos los tubos capilares. La misma cárcel, un chiquero enrejado por cuyos huecos solían asomarse manitas suplicando monedas, tiene asimismo un aire panteonero —o tal vez pasa que los presos, antes alborozados gorriones que trinaban cobijados por el calorcito espiritual que despedían las pintorescas pirujas, se han muerto de tristeza en plena jaula.

(Compasivo, abnegado, paternal, el taxista concluye: *¿ Ya ve? ¡Si por eso le dije que fuéramos directo pa La Huerta!*)

Ya dentro de La Huerta la movida es distinta. No sólo porque, cumpliendo a pie juntillas con la tradición, deambulan en su seno señoritas de mejor ver, oler y agarrar que las de afuera, sino también porque hay una concurrencia más nutrida, más contenta, más acalorada. Todo dentro de los estándares de modestia que han impuesto los tiempos: de sus dos salones, hoy funciona regularmente sólo el chico, mientras el grande agoniza en espera de que alguna persona cabal, con el sentido de justicia alerta, venga a devolverle su antiguo esplendor, o cuando menos a convertirlo en monumento nacional —una especie de Museo Nacional de la Entrepierna, donde se guardarían como dulces llagas los ardientes recuerdos de quienes alguna vez, antes de que los Borbones le entregaran su reino a los Troyanos, obsequiaron o adquirieron una de esas temidas enfermedades *de garabatillo* que se aliviaban a penicilinazo limpio, y cuyos nombres hoy nos causan gracia, extrañeza, nostalgia, ternurita.

Poblada de arbolillos con los troncos cubiertos de lucecitas marca *Merry Christmas*, La Huerta luce a un tiempo animada y espaciosa, por lo que resulta particularmente sencillo cosechar amistades en sus adentros. Peligro: un viejorrón norteño, estatura más allá del 1.75, ojos que saben esperar antes que ofrecer, murmura su nombre, al tiempo que su dedo índice cruza la frontera fluvial de sus labios y deposita en la lengua unos cuantos granitos de sal con limón: Martha.

II

Las mujeres de La Huerta no son, como afirman quienes con ligereza las vituperan, *de la calle*. Cada una, por el solo hecho de llegar a este sitio de servicio social, ya cuenta con una vivienda-oficina donde atenderá sus más relevantes asuntos de trabajo, cada vez que la motivación del cliente reclame la celebración de una junta privada. Bien ventiladas, merced a la inteligente implementación de una tela de alambre que sustituye al cristal de la ventana, cada una de las habitaciones permite mirar desde su interior todo cuanto afuera sucede. O al revés: fisgar, escudriñar, de pie sobre el pasillo, el desarrollo de la reunión —cosa poco apreciada entre las ejecutivas, quienes, si bien nada tienen que ocultar, son celosas guardianas de la información privilegiada de su clientela—. ¿Cómo puede una verdadera profesional permitir que su socio de negocios resulte balconeado frente a las escleróticas de un curioso que, en una de éstas, ni siquiera es cliente?

Martha llegó a La Huerta en la muerta mañana de otra noche de fiesta. Con las intachables credenciales de una juventud flamante y una belleza centrípeta que a menudo eclipsa los atributos de sus demás compañeras, Martha debió de arribar al Templo Mayor de la Zonaja con la honda convicción de un requisito laboral bien cumplido: la excelente presentación. Quienes llegan con un currículum así pueden estar seguras de que hallarán en La Huerta un empleo inmediato, un hogar sólido y una inminente superación personal: de sus numerosos clientes potenciales, únicamente los pránganas titubearán en cubrir los costos de hospedaje y mano de obra que implica la celebración de la junta, con la correspondiente prestación de servicios alivianatorios intensivos.

No son exactamente precios populares —particularmente si los comparamos con la modesta exigencia de las gordolobas que camellan en las calles de la Zonaja, varias de las cuales cruzaron hace tiempo la frontera del precio justo, hasta instalarse en las ofertas de terror: *Anímate, güerito, te sale más barato que el taxi*— pero a la hora buena tampoco son tan fijas las tarifas: uno puede siempre optar por el estira-y-afloja que las reduzca (transacción que jamás debe llevarse hasta el límite, pues ya se sabe que el regateo no es el camino que conduce a la calidad total, sino apenas a la premura: enemiga mortal del placer y la muerte chiquita que lo acompaña). Habrá quien diga, de paso, que es de ínfimo gusto mezclar a los cochinos billetes con los ritos sagrados del cuerpo, pero ello no es sino una triste muestra de insabiduría: ignorar la íntima relación que guardan entre sí los dioses más rezados del

Universo es no saber nada de amor, ni de negocios, ni de nada. La Huerta es una de las empresas donde mejor se demuestra la eficacia de una fórmula probadamente próspera:

$$Placer + Negocios = Éxito$$

Martha no es mujer amiga de las prisas. Cada vez que condimenta la punta de su lengua con una probadita de sal, para luego dar un sorbo a mi vaso de piña colada, sus ojos insinúan el beso agridulce que abre todos los sésamos del delirio para dar la libertad a los demonios del frenesí. Martha —cadera ancha, extenso talle, vestido de propicio terciopelo azul cuya cortedad hace honor a sus piernas largas y redondas— está puesta y dispuesta a bailar, a conversar, a navegar por la noche sin hostigar ni menos apremiar a quien, cliente o no cliente, caliente o maloliente, puede ofrecer la gema de su amistad.

Ha transcurrido un par de horas desde que Martha desembarcó en esta mesa, luego de un coqueteo que nació, creció y se reprodujo entre sus pestañas. Martha se moja los labios, mira taimadamente a su amigo y humilde narrador y dispara: *¿Vas a querer estar conmigo?*

III

Una de las penitencias más severas para los expedicionarios que vuelven de la Zonaja es la temida *triple cruda:* con el arribo del alba, el pecador despierta torturado por la resaca física del ron, la resaca económica correspondiente a los billetes que dilapidó y peor que todo: la hija de puta cruda moral, que a decir de los verdaderos libertinos es privativa de espíritus débiles. Sólo ciertas habitantas de La Huerta cuentan con el equipo necesario para evitar que sus clientes resulten víctimas de una calamidad tan insoportable que tiene la desfachatez de presentarse por triplicado: aquéllas pertrechadas para reproducir el rito genuino, fogoso y convulsivo que hace de una mujer una diosa y de un hombre una rata con rabia.

Cuando un hombre pone un pie en La Huerta, decimos que asistió y punto. Las mujeres, en cambio, no asisten: *caen*. Mas para estar caídas, estas muchachas lucen de lujo. No sólo distan de aparecer tendidas en el piso, cuantimenos en el fango, sino que están todas bien paradas. Y, tal como puede comprobarse cualquier día de la semana, con las piernas en óptimo estado de salud. Por tales razones, y por todas las que ya se miran en la evidente satisfacción del *habitué*, los buscadores de peligro vacían en La Huerta toda su confianza —cosa muy peliaguda en el resto de la Zonaja, donde para intentar un lance suicida se hace preciso ser el Indiana Jones del catre.

Martha es una de esas mujeres que simplemente no saben vivir sin confort. Alguna vez edecán, muy pronto detestó esa disciplina castrense que la obligaba a pasar interminables horas de pie para poder cobrar un recibo más bien miserable —sobre todo en contraste con los emolumentos que aquí, en posturas más variadas y confortables, al calor de una música orquestada sólo para subrayar la realeza de su cuerpo, percibe noche a noche—.

Cuando se quiere ser reina de inmediato, una de las cortes más propicias se llama La Huerta: sólo un sucio patán ignora la máxima según la cual, para tener éxito en el amor, uno debe dar a esta clase de señoritas trato de reinas, y viceversa.

Pasadas las tres de la mañana, Sus Majestades ya no tienen mucho trabajo. Libre de otros asedios, Martha le sonríe al fotógrafo en el instante preciso en que su flash nos alumbra como un sol famélico. Poco dada a contraer la verborrea, enfermedad de ínfimo gusto en un lugar como éste, Martha domina el arte oriental de expresarse a través de miradas y sonrisas. Mientras otras se ofrecen con una insistencia capaz de fumigar *ipso facto* al gusano correoso del erotismo, Martha espera detrás del resplandor de su figura: sabe bien que los súbditos habrán de avecinarse de cualquier manera, con la disimulada cautela de quien le teme profundamente al rechazo, y más al desamor.

Martha recibe visitas nocturnas o diurnas. Sus horas hábiles son tan flexibles como sus muslos, cosa muy apreciada entre quienes, en cuestión de semanas, ya forman parte de una cartera de clientes cuya firmeza sería la envidia de más de un gurú del *marketing*. Pero ni modo: no tiene la culpa ella, ni sus competitivas compañeras, de haber impactado al mercado con un producto de alta calidad, rico en sabor, fulgor y plusvalía. Una mercancía superior, por donde quiera que se le mire.

Para muchos, una noche en La Huerta significa un mal negocio, tomando en cuenta que hay decenas de antros repletos de hombres y mujeres a la búsqueda de un cuerpo que los cobije y los provea tanto de la bendita brisa que aplaque sus ardores como de la maldita brasa que de una vez acabe de calcinarlos. Pero yerra quien piensa que a La Huerta sólo se llega en pos de la satisfacción fisiológica o el alivio espiritual. Entre estos arbolitos iluminados se persigue, también, la penumbra, el cochambre mental, el pecado fehaciente, la torcedura psíquica y el tufillo a peligro que la Costera, con su bonita higiene californiana, es incapaz de proveer. Un buen amante podrá conocer las habitaciones de los mejores *resorts*, pero un aventurero se siente más a gusto entre los cuartos de La Huerta, dejándose hechizar por los gemidos colmilludos de una mujer que carga todas las credenciales para hacerse llamar La Voz de la Experiencia, padeciendo el placer tembloroso de pensar que tras la tela de alambre habitan ojos intrusos, gozando de ser él quien incita y alimenta el lujurioso encuentro de los personajes más buscados en Acapulco y el resto del mundo: Placer y Dinero, pirujas majestades que aseguran para quienes consiguen rasguñarlas el genuino sabor de la vida y el raro privilegio de la libertad.

Los oleajes de Martha golpean las bahías del cerebro cual si el hipotálamo fuese negro mar abierto. Una lejana música se difumina en lo más hondo de la noche mientras mis remos, despedazados y perdidos desde las primeras mareas, ya no pueden recordar si alguna vez tuvieron el mando, el poder o siquiera la fuerza elemental para salvarme de los remolinos que conducen al Horno Central del Averno. Mis sentidos se asoman a la parrilla como ratas que acechan bajo la coladera, sedientas de neón y de los exquisitos elíxires de la noche, preguntándose si allá arriba, en ese firmamento asfaltado del cual han sido desterrados todos los ángeles, encontrarán el bálsamo de amor que cure sus heridas más antiguas o la goodyearoxo que les pase por encima, condenando a sus entrañas a podrirse con todo y paisaje. Por el cerebro pasa, cual ráfaga filosa —o mejor: cual Corvette que asesina a una rata en la Costera— la pregunta de todos los pobres diablos de este mundo: *¿Quieres casarte conmigo?*

Échale la culpa al Perro

La gran pesadilla es despertar.
QUIMI PORTET

Son las once de la mañana y no tienes muy claro qué estás haciendo en Cuautla. Como tampoco sabes a qué hora dejaste la orilla del Lago de Tequesquitengo, ni qué espectral camino te llevó hasta allí. De hecho, y ello podría deberse al abierto favoritismo que desde anoche te dispensa el Creador, sólo recuerdas el nombre de los hondos ojos que, *ufff*, aún te acompañan: Carolina. Mas basta con mirar su mano izquierda para recordar la aguja del velocímetro pegada en la orilla del 210 y los dedos entrelazados, temblorosos, ingrávidos, rehenes de un estado de gracia fronterizo con la ebriedad. O en fin, al revés. Intentemos alguna explicación: hace unas cuantas horas estabas en el Perro.

Con el Perrito *you never know.* Igual suenan las cinco de la mañana y no hay nada escrito. Los semáforos aún gritan ¡*verde!*, los ojos todavía ruegan ¡*dame!*, la noche se te estira y dictamina: ¡*ten!* Quien sobrevive a toda una velada en el Perro debe esperar que, cuando abra los ojos al mediodía siguiente, se halle probablemente frente a un paisaje insólito. Antro sediento y frívolo como la vampiresa que escapa de los brazos de Hugo Boss para incendiarse en labios de Don Julio, el Perro es conocido, y a menudo temido, por su nombre formal: Bulldog.

Antes de llegar al Perro, uno debe cruzar aquellos tramos de la calle de Sullivan donde las compañeras mártires del colchón ejercen sus sagrados derechos laborales, bajo luces voraces que salpican de sexo el intelecto. De ahí que, al arribar al Perro, el visitante lo haga sacudiéndose los falopios de la solapa y entregando al cajero una cantidad similar a la facturada por las Sullivan Chicks a cambio de una prestación total. Vencedor de sus diablos oportunistas, quien asiste al Perro sabe que la noche aún es señorita, y es así que ganoso se apresta a desvirgarla.

Eran las once de la noche de un viernes que parece demasiado remoto para llamarlo *ayer*, pero lo suficientemente nítido para que aún insistas en apodarlo *ahora*. Detrás de las cadenas que tradicionalmente separan al picudo del pelado, un perrazo de bronce observaba las ansias de la turba que debería saberlo: no eran horas de llegar. Si uno cursa la prepa y va tras sus iguales, debe arribar al Perro desde las mismas diez. Pero si va detrás de la huella difusa del vampiro, y entonces no le teme a más monstruo que el crepúsculo, vale la pena que caiga más tarde, cuando Bety, Verónica y Torombolo se han ido a vomitar el camino al hogar. ¿Qué aconseja el decálogo noctámbulo en casos semejantes? Antes meter la pata que reversa. Una vez que te habías caído con el cover a la entrada, no quedaba mejor ni más fina salida que arrimarse a la barra y exigir un coctel cargado de ficción.

Honrarás las alcancías, reza el primer mandamiento. ¿Quién osaría pensar que saldrá del Perro con la masa encefálica empapada en ficciones y los bolsillos secos como una mente sana? Los cantineros saben leer los ojos del briago potencial, dejan que su mirada salte graciosamente hacia la alcancía de cristal donde se agazapan los billetes, y de inmediato vuelven a contemplarlo. ¿Que ya pagó a la entrada? Ese no es asunto del cantinero, y bien se sabe que la relación entre cantinero y murciélago sólo es comparable a la que sostienen el cura y la beata. Vale más, pues, decirle adiós al billete arrugado que uno creía destinado a los maniáticos marlboros de las cinco. Un desarmador, un vodka uva, una chela gozosamente escalofrígida.

El cantinero sonreía: seña de que la noche empezó bien. Sabría Lucifer si el vodka y los hielos estaban libres de cicutas, mas la complicidad del cantinero y el beso helado del desarmador te dejaban enteramente a su merced. Por eso devolviste la sonrisa. Y también porque solamente los atorrantes la llevan mal con un profesional del envenenamiento. Vamos, tú en su lugar ya te habrías sonado los mocos en más de una dosequis.

Para los ejemplares masculinos, el Perro es tierra de promisión. Para los femeninos, edén de libertad. Esta condición doble se establece desde la misma entrada, donde los hombres pagan una cuota que no incluye propinas, pero tampoco límites, mientras que las mujeres entran como en su casa. Detengámonos unas líneas en esta paradoja: si eres hombre, no tendrás que patrocinar más que tus propios vicios; y si llegaste solo mejor, porque adentro hay manadas de gorronas que, como tú, andan de cacería. Ahora que si tuviste el alto privilegio de nacer mujer, fuera compromisos: nadie te ha regalado nada, puedes hacer cuanto se te hinchen los antojos. Estarás con quien quieras y, si quieres, con nadie. Por un rato, eso sí, porque aquí la clientela es arrimadiza, y hasta encimosa.

Sólo un verdadero *solo* se siente solo en el Perro. En medio de una turba vocinglera, vigilado por columnas, efigies y muros que recuerdan el aciago día en que Ulises conquistó Versalles, ascendiste por la escalinata de mármol y miraste el desplazamiento de las cabezas allá abajo: un buscar por buscar, un hirviente hormiguero, ansiedad sin orillas. Entonces te llegó el hombre de traje: *¡Circulando!* Fue así que conociste un nuevo mandamiento: *Te moverás sobre todas las cosas.* Terminaste de subir, te sumergiste en una nueva turba que buscaba buscaba buscaba. Y cuando menos lo esperabas tú también te miraste buscando. Ya lo decía Mishima: *Amar es buscar y ser buscado al mismo tiempo.*

Nadie sabe cómo pasa, pero todo va pasando. Cuando la medianoche se alejaba cual pulsar moribundo, notaste que el paisaje acusaba otras faunas. De uno en uno, al tiempo que Verónica del Valle le mostraba a Archi Gómez las manecillas del Cartier, los vampiros iban alunizando, ganando posiciones, preparando la toma del tugurio, mientras allá en el escenario estallaba una banda de zarrapastrosos en honor a la Noche Inmarcesible. Lo cual te hizo a pensar que pronto llegarían Novalis y Rimbaud, prestos para encabezar una insurrección contra la odiosa normalidad. *Which meant: ya habían hecho su chamba los desarmadores.* De modo que te diste una vuelta por el baño, te mojaste la jeta un par de veces y volviste a pedirle a tu amigo el cantinero que te rayara con un juguito solo. Sin hielos, por favor, no fuera la de peores. Sin saber para qué, cual si fuese un arcángel quien guiara tus pasos, volviste lentamente al buscarybuscar, y así, como los otros, te olvidaste del escenario, de la banda y del mundo. A media soledad, buscar es un trabajo de tres turnos.

Uno de los servicios que de por sí hace grande a un trasnochadero consiste en absorber los pecados del cliente. De manera que, si el lugar es en verdad bueno, uno podrá culparlo de cuanto desfiguro cometió en su interior. El Perro es de esa raza de alcahuetes. Confortador santuario del vivecomo-quieras, el Bulldog magnetiza por igual a cerebros cuadrados y asimétricos. Por eso, cuando ya están allí, los recatados se permiten licencias que no concebirían en un sitio menos sobrado de tentaciones. ¿Ahora resulta que el Perro tiene la culpa? Perdónalo Señor, que ya ni sé lo que hago.

Aunque todo porsupuesto tiene sus sinembargos. El jalón de un tugurio no se mide por las máscaras que se plantan sus parroquianos, sino por lo irrefrenable que se torna el impulso de arrancárselas. Y el Perro, sitio de moda & ligue, a menudo frecuentado por coleccionistas de máscaras y espíritus inmunoeficientes, parece siempre contar con los recursos precisos para que uno se despoje de tapujos y defensas y bajones y complejos y ceda entonces a esa magia indudablemente negra que deforma los códigos de lo admisible. Ocurrido el hechizo, la razón abdica y cede los controles a los monstruos presentes, todos y cada uno interesados en naufragar estrepitosamente.

Cuando estás entre monstruos necesitas de un ángel. Cuando el ángel llegó, la noche era tan tersa que hasta los hechos sobrenaturales parecían estrictamente cotidianos. *¿Qué estás tomando?*, gritó ella en tus oídos, pero su voz de raro terciopelo era, en medio de la turba, un murmullo con ecos. Angélicamente incapaz de comprenderla pero mortalmente decidido a conservarla, obedeciste al llamado de aquella mujer cual fanático ante el martirologio: seguro de que luego, quizás en un instante, habitarías el delirio y la Gloria. Y como, a saber, semejantes recompensas no tienen precio fijo sobre la Tierra, bastó con sumergirte en sus pupilas oceánicas para decirle con el alma restante que al menos tú estarías dispuesto a pagar cualquiera. Por eso respondiste de un solo golpe: *Sí*.

En un momento como aquél, a cualquier juez civil le habrías dado la misma respuesta. Cuando Carolina volvió, armada de un combustible entre picante y sarcástico, el tiempo y el espacio se habían disuelto en forma tal que sólo te quedaba una invencible cara de imbécil. ¿Hora aproximada? Igual las dos que las cinco. Cuando la brujería del congal funciona, el Perro no sólo se encarga de comprimir espacios, también acosa a la noción del tiempo hasta dejarla afuera, en ese desolado Sullivan donde las billeteras malnegocian lo que sólo las rosas pueden biencomprar.

Lo demás es el Cielo. Y eso lo sabes sólo porque tu memoria borró piadosamente palabras, gestos, hechuras y deshechuras, para dejarte de esas tres, cuatro horas, el recuerdo hechizado de sus ojos almirantes y la cicatriz de un beso cuya innata radiactividad habrá de atormentarte en silencio cuantas veces vuelvas al Perro y no esté allí Carolina. Y fue en esos instantes cuando, disfrazados de arcángeles, tus monstruos y los suyos (una jauría ruidosa, *by the way)* los sacaron del Perro para conducirles —ninguno de ellos te avisaría que *transitoria-mente*— a un piso diferente de la realidad: esos instantes durante cuyo hipnótico transcurso, el resto del mundo —borrachos, cantineros, amistades, monstruos— existe sólo para celebrar El Idilio. Cuando saliste del Perro hacia la medialuz de la helada madrugada en flor, aún iluminado por el halo cósmico de sus ojos narcóticos, Aretha Franklin gritaba desde las bocinas de Rocinante: *I'm drinkin' again!*

Son sabrosos los helados en Cuautla. El de vainilla sabe a beso, pero el de fresa tiene la propiedad de hacerte experimentar el milagro de un terso aterrizaje. Buena oportunidad para traer a cuento la sentencia de un músico amigo, incurable frecuentador del congal que dejaste hace apenas cinco siglos de sesenta minutos cada uno: *Si el Perro nunca te ha dejado abajo, no dejes abajo al Perro.* El sol de Cuautla entra como un cuchillo por tus párpados, mientras los ojos buscan esconderse para no delatar su obvia procedencia: el reventón. (Reventarse: buscarle los ojos al vértigo para bailar a solas con él.)

Dan las dos de la tarde, has vuelto a la ciudad, se enciende la luz roja y tú cierras los ojos para dejarte ir, como si al intentarlo manos y pies se desprendiesen del fuselaje y ya del mundo no quedase sino vértigo. En un segundo te visita el sueño, y en él contemplas a los demás borrachos que quedaron atrás, lejos como el dolor, mientras Carolina y tú invadían la México-Cuernavaca, la diestra acariciando a la siniestra, para contemplar juntos, en la orilla más alta de la vida, el precipicio hermoso de la muerte. Y si bien el sueño es corto, sus escasas imágenes alcanzan para recordarte que nunca olvidarás la madrugada en que la aguja se estrelló contra el tope final del velocímetro, sólo para decirles que amar es sentenciarse a vivir como la canción: *lejos de las leyes de los hombres*. De pronto abres los párpados y vuelve la luz roja. El Perro ya no esta allí. Carolina tampoco.

Palabra de baronesa

Corría un lento invierno cuando frente a la luminosa fachada de la Casa Paquita se detuvo el Passat nuevo de un hombre maduro, víctima de una voraz calvicie que no parecía ser obstáculo de importancia para su acompañante: una mujer sonriente cuya temprana guapura imantaría de inmediato los ojos de los acomodadores. Automóvil europeo, atuendos conservadores, modales aristocráticos: no suelen ser así las parejas que se apersonan en la colonia Guerrero. ¿De dónde venían los recién llegados? De otro mundo. Como los acomodadores no podían saberlo, el conductor del auto era un *socialité* entusiasta y noctámbulo calificado, cuyo solo bagaje de riquezas heráldicas anunciaba un seguro título nobiliario.

¿Qué hacía un descendiente directo de la rancia nobleza novohispana encomendado a un cálido escondrijo que, de acuerdo a los estándares goebbelianos propios de su excluyente mayorazgo, sólo podía ser templo y santuario del peladaje? Es posible afirmar, aunque no sin caer en un exceso de frivolidad romántica, que el amigo de las noblezas mineras mexicanas —esto es, los choznos de aquellos aventureros que un día se toparon con una mina y sólo por eso fueron premiados con el soñado titulazo— había escapado de su zona de exclusión

para paladear —así fuese, *¡auch!*, transitoriamen-
te— las adictivas mieles del sentimiento desnudo,
tan escaso entre el medioevo rancio y hermético
que distingue al oeste lejano de Tenochtitlan. Habrá también quienes supongan que el espurio visitante no podía estar allí sino como embajador del
más encumbrado esnobismo citadino: el de los tipos a quienes, despojados de toda osadía vital, les
da por coleccionar exóticas intensidades pasionales,
para luego colgarlas entre los adustos muros de su
existencia intachable. En cualquier caso, era segura
una cosa: el extraño encumbrado, heredero natural
del ocioso sibaritismo que desde siempre ha distinguido a la nobleza, sabía que su objetivo no se hallaba tanto en la fachada, las mesas o la pista del
congal, como al fondo de los ojos fulminantes de
su fundadora, propietaria y diva: Paquita, baronesa
del Barrio.

De noche, la calle de Francisco Zarco es ser-
piente pardusca y desolada. Uno se clava en sus
entrañas justo donde se cruza el Paseo de la Reforma con aquella calzada que a don Pedro de Alvarado
sirviérale de pista para implantar el único récord de
salto de longitud que registra la Historia Nacional.
Es síntoma común, entre los intrusos nocturnos de
la Guerrero, un cierto sentimiento de profanación,
frecuentemente acompañado por el temor que a la
hora de la verdad no hace sino ponerle jalapeño al
recorrido: *¿Y si me asaltan?* Pero ése no es más que
un pavor de primerizo, pues el genuino trasnochador se sabe más amenazado en las calzadas, inconmensurable tierra de nadie, que en las callejas solitarias, tan querendonas ellas. El explorador debe
cruzar más de una decena de esquinas dormilonas

antes de que las luces de la Casa Paquita le informen que ha llegado a su destino: tiempo de darle al acomodador las riendas del corcel, tomar por la cintura a la señorita que para estos momentos es toda prendedor, y entonces entrar juntos, lo que se dice *juntos*, al templo de Paquita la del Barrio: la mujer de los ojos relámpago, sacerdotisa de la pasión que noche a noche derrama excomuniones sobre los vergonzantes del amor, los pránganas de espíritu, los perpetuos *inútiles*.

No son escasas las familias del rumbo que, pasadas las diez de la noche, arriban a la planta alta de la Casa Paquita para celebrar una ocasión meritoria, si bien lo hacen rodeadas por forasteros: una incesante hojarasca de oficinistas desmadrosos, nuevos ricos, viejos pobres, *socialités* al día, devotos de la diva, nostálgicos heridos y colegas reverentes, se apodera cada noche de una, dos, ¿cuántas mesas? Con una timidez que las risas y los tragos convierten pronto en desparpajo, los de afuera y los de adentro se van confundiendo en la pista de baile, bien pepenados de su pareja, para moverse al ritmo de una canción que inunda uno por uno los sentidos de los que lo dan todo por sentir.

Hasta en sueños he creído tenerte...
devorándome.
Y he mojado mis sábanas blancas...
recordándote.

Aunque los sentimientos, lo que se dice *sentimientos*, todavía pululan en la planta baja. Frente a un comedor sobrepoblado por oídos abiertos y azoros reverentes, Paquita la del Barrio ejercita los portentosos látigos de una garganta vulnerada por el más punzante de los ardores, que como por desgracia bien sabemos es el del amor traicionado. Avanza la segunda función y ninguno de los parroquianos conoce con certeza el camino que tomará un repertorio comúnmente sinuoso. Entre pasión y ovación, ascienden hasta los oídos de la diva peticiones urgidas. *¡Lámpara sin luz! ¡Tres veces te engañé! ¡Bórrate! ¡Invítame a pecar!* Pura épica sentimental.

¿Cuál es la diferencia entre los de *arriba* y los de *abajo*? La misma que distingue a los compadres de las visitas. Los unos llegan temprano, como con ganas de ayudar a poner la mesa; los otros van llegando más tardecito, cuando los anfitriones ya se han calzado sus mejores garras y se empapan la tráquea de Astringosol. ¿Significa esto que la función nocturna resulta más pulida que las vespertinas? No, por cierto. Es sólo que, si bien durante la tarde a más de una casada desatendida le da por clavetearse en sus íntimas dolencias, es la noche el territorio solitario y memorioso donde las plegarias de la diva mejor abren sus alas. No olvidemos que el amor, como las muelas, siempre duele más de noche. No pose sus pezuñas en este suelo quien se diga inmune a las punzadas de la pasión amorosa: voluble soberana que sólo entrega títulos nobiliarios a los que del amor regresan locos.

Lucero Díaz se ha instalado en la pista, da la bienvenida y se arranca con la primera ranchera. Por años, esta cantante ha conducido a los seguidores de Paquita la del Barrio por una calistenia de ritmos y palabras cuya función precisa es aflojar la carne, lubricar la osamenta, estirar la epidermis de quienes ahora gozan, pero ya sufrirán (y entonces gozarán más, más, más). Muy atrás, casi oculta en una mesa pequeña y apartada de la pista donde uno de los parroquianos se ha parado a danzar la redova con Lucero —largo kilometraje, faldita de vaquera, botitas respondonas, sonrisa de *me río pero me llevo*— está *otra* mujer, vestido firmamento azul turquesa, el pelo corto, la cara blanca, el fuego en la mirada: los ojos incandescentes de la Baronesa Paquita se pasean por el paisaje, indescifrables. No es realmente difícil suponer cuál es la bebida favorita de una mujer así: *París de noche.*

Paquita la del Barrio no es una, sino varias mujeres; imposible saber cuál de todas será la que cante hoy. Pero la orquesta, integrada por músicos colmilludos y cumplidores, se halla lista para cualquier cosa. Lucero se ha ido, y cuando vuelve lo hace para proferir El Anuncio. Por el pasillo se desplaza, con un porte que de tan orgulloso aparece inalcanzable, Paquita.

No abundan en el mundo las heroínas justicieras. Y, de las que hay, pocas pueden decirse sobrevivientes de la pasión. De ahí la majestad que acompaña los pasos de la Baronesa del Barrio. De ahí, también, la tempestuosa hondura de ese rictus escéptico, adolorido, condenado a seguir creyendo en lo increíble. Es el gesto de quienes sólo viven para mantener encendidas las antorchas del amor loco, y están por ello condenados a existir entre cenizas, con la envidia de todos los dioses a cuestas.

Eres: una brújula sin rumbo,
un reloj sin manecillas,
una Biblia sin Jesús.

¿Hacia dónde mira Paquita cuando entona, con la vehemencia propia de los rezos, esas líneas flamígeras que se antojan escritas sólo para sus labios, con pedazos de entraña, rodajas de rencor y kilos de soledad? Resulta fácil rastrear el camino que lleva esa mirada, como sencillo es perseguir la trayectoria de los látigos. Paquita canta mirando de frente a la cobardía, la pobreza espiritual, el desamor, la nada: los enemigos comunes, los siempre temidos; los que hacen de un hombre un inútil, y de un inútil un trapeador. Paquita, como todos, siente, pero se aguanta. Soberbia entre los devotos, piadosa entre los dolientes, enfermera y compañera de viaje de todos los despechados de este mundo, la del barrio se deja tomar y sacudir por cada uno de los súcubos que habitan las palabras que pronuncia.

Por fin decidiste marcharte y dejarme...
¡Te estabas tardando!

Sus ojos: relámpagos que incendian la piel de la indecencia, furiosos meteoritos vengadores, arcángeles terrenos a las puertas del Juicio Final. Basta con perseguir la efervescencia volcánica de esos ojos para olisquear la cercanía de una lava que saltará por ahí de la cuarta canción, cuando la diva sea una con sus palabras y corra por sus pómulos el milagro del llanto.

Como una pordiosera
me arrastré a tus caprichos.

Aplausos, gritos, carne de gallina: recompensas apenas justas para quien, como la diva, todo lo tiene y todo lo apuesta. De cuando en cuando se le acercan manos que le alcanzan pequeños papeles, trozos de servilleta, cualquier espacio para implorarle una canción. Y Paquita, respetuosa del sentimiento ajeno y al mismo tiempo celosa de una entrega que se ha convertido en el más puro de sus sellos, sólo asiente, mira al piso, lanza una bola rápida a la orquesta y alza otra vez la fusta.

¡Qué vulgar y qué corriente
es la vida que tú vives!

Nunca es lo mismo. Cada noche Paquita realiza el prodigio de ser nueva, no a través de la engañosa piedra de la originalidad, sino sencillamente brindando sin medida lo que otros regatean sin vergüenza, y por supuesto: saltando cuando hay que saltar, aun si al fondo del abismo no se mira otra cosa que el negro profundo del abandono. Pero, como todo, el salto también tiene un final. Cuando Paquita se aleja por primera vez de la pista-escenario, uno se mira extrañamente sorprendido, como cuando se es expulsado de un sueño cuyo sortilegio se creía más extenso. Es decir, en la orilla final de las caricias.

Ni un cigarro te doy...
ni me lo pidas.

Paquita vuelve, Paquita canta una más, Paquita se repliega en una de las mesas. Mientras unos ajustan cuentas con el mesero, otros no están dispuestos a pisar la calle sin antes ir tras la mujer de las polaroid y encargarle una foto con la diva. Y la diva nomás no dice no.

¡Quihubo tú, inútil!, saluda la baronesa Paquita a un músico joven, de pelos largos y mirada esquiva. Sabiéndose bienvenido y prácticamente en casa, el músico se sienta, se empuja un trago y se arrellana plácido en la ensoñación de quien se sabe aristócrata nocturno, gato invencible, sombra de un mal esquivo y burlador. Las mesas abandonadas, las luces prendidas y las botellas vacías informan al licántropo en funciones que la noche ha quedado de nuevo desierta. Es hora de enfrentarla, disputarle terreno, poblarla una vez más de agónicas quimeras.

Érase un blues con hambre de swing

Casi todos hemos visto sus siluetas. Son solitarios, son nocturnos y viven sedientos de la estamina pasional que otros, más jóvenes, derrochan sin conciencia. Llevan vidas intrincadas y herméticas, mas cuando se describen a sí mismos lo hacen de una manera poco menos que serial: casi todos son *maduros, no feos, sinceros, católicos,* con *fines serios, buenos sentimientos* y *posición económica estable.* Aunque la mayoría no se anuncia en el buzón sentimental del fotodrama, ni en la sección *amigos* de los avisos clasificados, todos ellos comparten una tribulación común: por cosas de la vida —que, ni hablar, es canija— sus galopantes corazones han quedado sin empleo. Mas esta noche, unidos al amparo de la más ardua de las honestidades, los corazones desempleados están que encuentran chamba de aquí a veinte minutos.

¿Viuda? ¿Divorciado? ¿Soltera? ¿Y? Lo importante del exilio sentimental no es tener claro cómo llegó, sino por dónde diablos se irá. Y hoy, sábado endemoniadamente providencial, los corazones desempleados han decidido tomar cartas en el asunto: sus autos saltan hacia afuera del Periférico, escapan por un costado del Vips Echegaray y toman el camino a San Mateo. Unos metros más adelante, se topan con la pancarta que, si el Diablo y la Providencia se ponen de acuerdo, podrá conducirlos hasta las puertas mismas del amor correspondido. El letrero, colgado ante las puertas del club Sarao, anuncia que los sábados el reventón ocurre sólo entre solitarios.

Lo de menos es el cover. Antes de siquiera pensar en sufragarlo, quien se detiene por primera vez en el Sarao debe renunciar al secreto de su enfermedad y aceptarse como otro corazón desempleado: opción sin duda preferible a emboscarse detrás de un apartado postal y recibir en cada sobre una foto de cuerpo entero que igual pudo haber sido tomada en tiempos de Barry White. Pero si bien la entrada —una escalera y un pasillo que a los ojos de un tímido deben de aparecer infinitos— es ya una prueba dura para el primerizo, la situación se afloja una vez que sus temerarios pies atraviesan las puertas del reventón. ¿Qué corazón en paro laboral no se siente de pronto confortado, incluso vigoroso, cuando de un golpe encuentra cien o doscientas almas no menos maltratadas que la suya? Cuando menos lo piensa, nota el recién llegado que Soledad, La Musa, se ha esfumado cual bruja malvada y pusilánime.

El Sarao conserva el aire de aquellas residencias *modernistas* donde una vez rindióse culto a los Bee Gees, para luego caer en un largo abandono sin *revival;* mas esta casa se las ha arreglado para retener el donaire de ciertos *hogares decentes.* Lo cual embona a la medida con una noche como la de hoy, cuando la sensación de confianza e intimidad parece tan urgente como una sonrisa. Y las sonrisas —amplias, fáciles, prontas, arrimonas— abundan, porque lo que allá afuera, en las banquetas gélidas, es motivo cumplido de vergüenza, adentro de esta sala resulta seña de identidad, milagro del azar, noticia de primera plana, condecoración plenaria: *estamos solos, y en tanto libres, y en tanto disponibles.*

Se engaña como un cojo con esquís quien piensa que la de los sábados en el Sarao es noche-de-ligue. Con seguridad, todos los aquí presentes practicaron en más de una ocasión ese fatuo deporte donde juventud más apostura era igual a estado de gracia, y ya se ve que de tan mentirosas lides volvieron cuando menos insatisfechos. Es por ello que ahora, no bien la lozanía es recuerdo estorboso y toda galanura yace olvidada en el desván, los corazones desempleados vuelven al ataque con armas de más alto poder, como el insobornable deseo de pasar ya no toda una vida, ni todo un año de frenesí amoroso sino, como bien lo cantaba Raphael cuando todo era primavera, *su gran noche.*

No hay noche que se caliente sola. Menos cuando sus habitantes han conocido el frío suficiente para que otros, aquellos argüenderos que se juran felices, los reprendan con el injusto calificativo de *solteros mañosos.* Es decir huraños, inseguros, esquivos, condiciones inherentes a cualquier ser humano, pero más fácilmente achacables a quienes no cuentan con las caretas del éxito social. Contradiciendo el jactancioso menosprecio de sus eternos jueces, hoy los corazones desempleados se calientan con carcajadas: en el escenario, un *showman* les canta, les cuenta chistes y —ya con la vital colaboración de los correspondientes alcoholitos— los va poniendo flojos, después contentos, luego risueños y en un rato eufóricos.

A diferencia de los bares-de-ligue, donde las palabras interesan menos que las miradas, aquí el acercamiento entre los cuerpos sucede con la naturalidad propia de quien se va pegando a la chimenea. Y si bien hay algunos que de un brinco se arriman al fogón, ello sólo confirma una saludable garantía: *aquí hay de todo*. El espectáculo —largo, desenfadado, casi artesanal pero eso sí: muy próximo— transcurre con las risotadas al alza y las inhibiciones a la baja. En un momento, la cordialidad en las mesas se parece a la que impera en una boda cuando ya se acabó el pastel, pero la diferencia es que aquí a todo el mundo le importa un pito el qué dirán. ¿Qué dirá quién, si ni familia somos?

Cuando el animador y su orquesta se retiran, a buena parte de los presentes se le queman las habas por tomar la pista, invadir otra mesa, seguir la senda de una nueva conversación y confirmar que han renunciado a toda hipocresía. O por lo menos harán suya la honestidad bastante para vivir lo que a estas alturas parecía caduco afán: una gran noche más. ¿Qué significa eso de *a estas alturas*? Más aun que la edad y la soledad, cuentan allí las cimas de la desesperanza. Pero, de nuevo, ésas son paranoias de primerizo. Quienes ostentan el meritorio título de *habitués* saben perfectamente a lo que vienen; es por eso que no desperdician un instante para, en cuanto ven la pista vacía, tomarla por asalto con o sin pareja.

¿Las edades? Hay treintas y cuarentas, pero también cincuentas, veintes, sesentas. Desdeñosas del fuego fatuo de la belleza física —que a la hora del sincero reventón puede llegar a ser odioso estorbo—, las parejas llegan hasta la pista sin miedo a la nada. Si Mengana se mueve como Celia Cruz, o si Perengano trastabilla como Jerry Lewis, ello es pretexto sólo para gozar más, porque aquí nadie parece haber venido a ostentar lo que le sobra, ni a lamentar lo que le falta. Quien atraviesa la entrada del Sarao en sábado, lo hace con un desparpajo que bien podría confundirse con orgullo: *Sí, estoy solo, ¿y?* Bajo consigna semejante, lo menos que un corazón como éstos logrará en una noche será pasar del desempleo al subempleo, y quién sabe si no a una chamba de alta remuneración.

Como en las fiestas caseras, en el Sarao hay pocas reglamentaciones. Es más: una mujer rubia, que a decir de un par de asiduos es la dueña del local, no ha cesado de bailar sobre un territorio que, en otros sitios, suele quedar estrictamente vedado a los saltimbanquis: la alfombra. Más allá, donde las mesas se acaban, hay dos puertas muy visitadas: *bailaores* y *bailaoras.* La segunda, a medio abrir, delata los empeños de dos mujeres que recién escaparon de su mesa para ir a compartir espejo y resanar todo lo resanable. Instantes después, ambas volverán a la mesa, dueñas y soberanas de La Situación. Y no pasará mucho tiempo para que una, dos siluetas masculinas usurpen sus espacios y se las lleven a donde merecen, que es la pista de baile.

Hace un rato, cuando los músicos reconstruían un popurrí de los Creedence Clearwater Revival, era plausible suponer que las noches de solteros, viudos y divorciados en el Sarao no son sino inyecciones de nostalgia compartida. Pero ahora, cuando las edades se han borrado y hasta ciertas pancitas tienen su *caché,* los cuerpos se menean a cualquier ritmo —y aquí los ritmos, tanto como las formas de danzarlos, proliferan—. Mientras en los *night clubs* convencionales el reventado tiende a comportarse, bailar y hasta vestirse *como todo el mundo*, en la noche de los corazones desempleados nadie sigue modelos y la gente se excede como mejor le cuadra. Entre los solitarios que se han mirado afines, más queda por vivir que por demostrar —como no sea el gusto de hallarse allí, al igual que la canción que ninguno ha olvidado, *so happy together*.

Opina Norman Mailer que uno jamás conoce a una mujer hasta que la enfrenta en un juicio de divorcio. Puede ser, pero… ¿y luego? Una vez que la cónyuge diose a conocer, cuando por fin llegó a la conclusión de que valía más bailar su propio *hustle* que abandonarse a un tango solitario, no le queda sino prestar oídos al gurú Frankie Valli cuando afirma, con el firme respaldo de una cohorte de angelitos amotinados contra el desamor, que las niñas crecidas jamás chillan.

No bien la Princesa Galanura hizo el favor de marcharse con todo y su corte de apariencias, la realidad está más adentro que afuera. Quienes han aprendido a cantar el *blues* de los corazones desempleados ya se habituaron a mirar al interior, y a dejar para el exterior solamente las expresiones que merecen quedarse a flor de piel: el guiño, la sonrisa, la tenue insinuación de que adentro, en los pasillos penumbrosos que conducen a un alma palpitante y plena, se halla una forma de belleza que podrá permanecer oculta para un cosmetólogo, mas será siempre deslumbrante a los ojos de un corazón desempleado.

En un momento clave, cuando menos lo sueñan, el viudo y la divorciada desafían a los momios y se hace *la chica:* los tahúres de siempre se van a la quiebra, el *blues* se vuelve samba y a la Providencia —que está irreconocible— le da por preguntarle al Diablo dónde aprendió a tupirle a la lambada.

La ínsula licenciosa

¿Cuántas horas tiene la noche? Para los veladores, nunca más de doce. Mas a los rojos ojos del noctámbulo extremo, la noche tiene por lo menos diecisiete horas corridas, jugosas, envidiables, mancillables. El resto, a decir de los que saben, es para dormir. He conocido en la Ciudad de México dos grandes maneras de prolongar la noche, y así permanecer indiferente tanto al transilvaniazo de las seis y media como al grosero arribo de los automovilistas y la vendimia: una, mágica sin duda, consiste en guarecerse bajo el eclipse del amor, oasis por todos perseguido, y encerrarse en él, cobijado entre las murallas del sortilegio; la otra, que también es hija de la hechicería, resulta particularmente apremiante cuando del amor se es un exiliado más, y se basa en un gozo sin pasado ni porvenir, pero asimismo henchido de presente. Hablo, amigos sonsacados por la sacra noche, del Riviere: refugio de murciélagos guajiros, santuario de ojerosos impenitentes, antrazo ponedor y hospitalario cuyas protectoras puertas son redención segura para todo aquel que ha tomado la decisión de alzarse en armas contra la irrupción del alba. ¿Cuáles son las armas de un asiduo del Riviere? Las más mortíferas: una ancha noche, una buena mesa, una compañía gozona, una orquesta heroica y una salsa bien servida sobre la pista, que a todo esto arde.

Concibo estas palabras en medio de una noche que se prolonga, como todas las noches que el Riviere inventa, más allá de lo concebible. Afuera, en el mundo dizque real donde el domingo ya cayó de lleno, deben sonar las campanadas de las siete, o las nueve, o las… ¿qué más da, si no pienso salir? Por lo demás, a leguas puede verse que las chicas presentes prefieren asistir a misa de una. De modo que olvidemos la calle y el sol y todas las calamidades que por ahora distan de afectarnos, y entrémosle con fe a este sacro refuego que nos ha librado de volver a casa llevando a cuestas el fardo del amanecer traidor. ¿Siguen allí, mis amigos? Pues alcen ese vaso y empínense el segundo *campechano*, que todavía le cuelga para que nos cierren el congal y aquí hay más de una hechicera deseosa de compartir con ustedes la mesa, la pista, la tella y ese divino ingrediente que durante años hizo un éxito de ventas a la revista *Susy*: los *secretos del corazón*.

Como tantos, llegué con el corazón abollado. Serían las cinco, quizás las cinco y media —la hora rutilante del Riviere— cuando caí por la colonia Doctores, dispuesto a pedir posada en el leonero al cual acuden las genuinas Sobras Escogidas de un sábado vivísimo que para otros, ¡pobres!, ya es cadáver. A cambio de una moneda mediana, el chalán de la entrada me recibió como a una oveja descarriada en el Reino del Perdón, y condújome hasta el mostrador en donde un hombre muy comprensivo me cobró el cover: dos monedas más. Salté así al *otro mundo:* en lo que la ciudad amanece y a los cantineros les da por ponerse moños —accesorio fatal en un profesional de la barra—, el Riviere hierve de reventón, y en los ojos de los presentes se leen las más reconfortantes profecías: *¡Orita llega Welfo con todo y orquesta! ¡Ahí viene la otra tella! ¡No te la vas a acabar, Mirreina!* A estas horas, y en el estadazo que comúnmente las distingue, cambiar las asperezas de la calle por la cálida noche del Riviere equivale poco menos que a salir de la cárcel con destino a Cancún. A quien sea lo suficientemente desalmado para rechazar esta humilde metáfora, bástele con saber que con el solo acceso al antro en cuestión bórranse todas las horas precedentes. Se aparece el mesero, se amacizan las buenas compañías, resucita la noche.

Es una vergüenza decirlo pero, mierda, no sé bailar salsa. Me consuelo asumiendo que no soy el único infeliz que ha llegado hasta aquí falto de la cultura más elemental, y que algún día saldré por aquellas puertas conocedor no nada más de los secretos de la salsa, sino también los del merengue, la cumbia, el vallenato, amén de otras habilidades acaso menos mencionables. En la noche larga del Riviere habrá siempre quien sepa algo más que tú, pero ello no obstará para que halles un ángel dispuesto a enseñártelo. Hoy, por lo pronto, resolví guarecerme tras el vidrio que guarda mi vodkatónic (bebida poco apropiada para un lugar donde reinan el ron, el brandy, el tequila y la cachondería cadenciosa, pero qué puede hacerse si en la garganta, como en el corazón, uno jamás gobierna) y desde aquí, en la mesa solitaria que repentinamente visitan una, dos raudas amiguitas, sorber los néctares nocturnos que alivien esta depre mezclada con vampirazo, desconcierto y resaca mañanera. Contemplo a las parejas en la pista, cómplices de un movimiento premeditado por la querendona tiranía del triunvirato fatídico: Antro-Cuerpo-Ganas.

Recorro lentamente, con ojos de sorpresa agradecida, la decoración que ha convertido al viejo Riviere —antes melancólico bodegón— en un virtual congal del litoral, acogedor como una incubadora y pleno de las hojas de palma que lo llevan a uno delirar mejores y más húmedos horizontes. Con su inconmensurable pista rectangular, su confabulación de mesas, luces y penumbras, sus gentíos ansiosos de bailar, sus músicos gozones, sus noches extensibles y su carácter inamoviblemente licencioso, el Riviere viene a ser, más que un antro, una ínsula. Y ya se sabe que en las islas —zonas de manga ancha por excelencia— no se comporta uno como en tierra firme, donde aún mandan verdugos tan execrables como el horario, la compostura y la opinión de los ojetes.

Es sensato que los lectores me pregunten, a estas profundidades de la travesía, por ese factor que muy a propósito he dejado en suspenso hasta aquí, mas no puedo ni debo callar más: ¿Qué transa con las chicas del Riviere? ¿Disfrutan, bailan, beben, talonean? Vale afirmar que de todo un poco, pero antes de que ustedes me señalen con el feo calificativo de *padrote*, debo decir que en la ínsula más guanga de la Doctores no existe la explotación de mujeres —como no sea, claro, la proveniente del estallido infatigable de los cuerpos sedientos de secreción—. Aunque los puritanos frunzan algo más que el ceño, lo cierto es que las chicas del Riviere son trabajadoras independientes, venidas de toda la ciudad a hacer su lucha en condiciones más que favorables. Ya quisieran las esclavas de la decencia poder ganarse el sustento en medio de tan extenso y generalizado reventón, con los horarios más accesibles y sin un patrón que les exprima el zumo. Genuinas promotoras de la pequeña empresa, más libres que el mercado japonés y expertas en artes tan imitadas como la seducción y la danza, estas profesionales son verdaderas procuradoras del gozo. *Aquí la dama que quiere hace salidas y usted no paga un centavo de más, y es más, dígame cuál le gusta y yo se la conecto*, me informa mi amigo el mesero y añade: *Ora sí que si salen o si se quedan, pues ya será cosa de ellas, ¿no?*

Llama poderosamente mi atención una pareja, cuyos movimientos agitados, casi selváticos, hablan de incontroladas pasiones por el ritmo, pero de pronto los cuerpos se cruzan, se imantan y se pegan como dos lenguas prestas a fundirse. Creo que ahora, cuando la pista luce llena y en las mesas se respira sólo festín, tales son las dos más presentes obsesiones: cercanía y movimiento, ayuntadas en una coreografía infinita que rinde culto y tributo a los dioses de la fertilidad. Mas no por ello se inflamen coligiendo que su amigo y humilde narrador se halla en mitad de una tumultuaria orgía o cosa similar. Aquí no pasa nada sino los guiños tersos, las caricias furtivas, el roce despacioso de los muslos que olvidan, en un ansiado giro, que en este mundo hay penas. ¿Cómo no agradecer, una vez que se pena por causa del amor y su destierro, la visión analgésica de un vestido celeste que se abre del tobillo a la costilla, delatando así que la mujer que baila no lleva debajo más textura que la de su sola piel? No lo olvidemos: por cada escote que aquí se muestra, existe un oscuro felino que se agazapa, oculto y socarrón, para decirnos que lo que hemos visto no es altamar, sino apenas esa bahía cuya callada invitación no es dado a un caballero rechazar. No fue un hombre quien lo dijo: *Detrás de cada mujer hay un gran gato.*

He olvidado la cruda, o mejor: la he vencido. Incapaz de oponerle necia resistencia al proverbial contagio de la noche del Riviere, bendigo en silencio a esos afanosos demonios que cubrieron de penumbra cada ventana, cada recuerdo, cada resquicio de luz diurna para que nosotros, los ciudadanos de esta isla que nos inunda de las más exóticas ponzoñas, podamos entregarnos a la satisfacción del cuerpo, buen amigo que acude puntual y solidario al rescate de un alma que hace pocas horas aún veíase presa del naufragio.

Escucho de los labios de una ninfa la semblanza del Güero Bailarín, ruletero de día, oficioso artesano navideño e inmejorable pareja sobre la pista cada vez que Welfo ruge. Cuentan que las asiduas lo adoran, que se turnan para bailar con él, que les gusta su estilo para llamarlas *Nena*, que se crispan como una sola leona cuando alguna extranjera de la noche comete la osadía de danzar con él en sus absorbentes, amazónicas presencias. *¿Quién fuera bailarín para bailárselas?*, masculla con inquina el compañero de la charola mientras deja caer la cuenta y me recuerda que, si así lo deseo, él se encargará de que me vaya a prolongar la noche más allá de las doce, en compañía de una lugareña poco o nada melindrosa. Recuerdo entonces que es el mediodía la frontera que la noche del Riviere no traspasa, y que hay una resaca que viene tras de mí, decidida a cobrarme uno por uno los placeres de una noche que estiré por amor a la ficción. Temeroso de las ficciones del amor distante, que son especialmente crueles si nos agarran crudos y trasnochados, me levanto de la mesa, murmuro un *Ahí nos vemos* más bien huraño y camino por el pasillo entre mesas, vasos, escotes y otros juguetes para monstruos nocturnos.

Cuando finalmente rodeo la pista y atravieso la puerta de la entrada, dos cuchillos se clavan en las pupilas y un comal inclemente recibe a mi cuerpo recién expulsado por la penumbra. Por un instante me solidarizo con el pobrecito padre Adán y me pregunto si no será mejor olvidarme de la siempre paciente almohada y volver con mi *brother* el mesero para que me aliviane con una regia piña colada, o con cualquier ponzoña que me deje darle un pellizco más a la nochecita. Lanzo al aire la moneda. Un segundo después, el águila de cara al sol me dice que perdí: tiempo de cachondearse a doña Almohada.

Los tipos duros no aflojan

Suena la medianoche de un viernes turbulento. Mientras cruzo, en la piadosa compañía de mi amigo F., la plaza Garibaldi plena de instrumentistas empeñados en ofrecer a propios y extraños el único tratamiento para el corazón administrado por la vía cutánea, me digo que la fuerza que nos empuja no es la valentía sino el divino morbo. Aun así, caminamos por la banqueta con un aire de *tipos duros* copiado antes de Hollywood que del Tenampa: en silencio, con la pinta del Bueno, la mirada del Malo y la mueca del Feo, llegamos a la esquina del Bombay y damos vuelta hacia las entrañas de la calle de Ecuador. Con la cándida idea de que nadie nos pensará fuereños, cruzamos la calle opaca, vacía, casi resbalosa, con el aplomo que confieren las ñáñaras en estado de sublimación. A media cuadra, un par de metros más allá de la patrulla estacionada con las luces apagadas y las ventanas abiertas, reluce una cortina metálica. En la puerta, un sujeto franquea el paso a los recién llegados y los forma en la hilera de la *báscula*. No hay cover, ni restricciones: basta con pagarse una botella de lager. Fuera de eso, el único requisito para entrar es la resolución de hacerlo. De pie frente a la puerta, me da por preguntar lo que no se pregunta: *¿Cómo se llama este lugar?* El hombre sonríe, sin mirarme, y entre dientes me hace saber que ya llegamos al 14.

Dicen los que se dicen enterados que el 14 es Gomorra. De ahí que no sea la calle, ni sus escasos, penumbrosos pobladores, el fantasma que tanto nos perturba, sino la certidumbre de que en el infiernillo al que los espantadizos identifican con la ciudad bíblica donde mejor floreció la tradición oral, mi amigo F. y yo carecemos de ciudadanía. Cuando el hombre de la puerta nos da trato de señores y nos invita cortésmente a pasar al antro, sin *báscula* mediante —los formados mirándonos, con el ceño fruncido— me digo que ahora sí se jodió el asunto: sólo resta que nos diga *güeritos*, aunque ya ni falta hace.

Cuando entramos lo hacemos deprisa, cual si las suelas conociesen de memoria el camino y en el interior nos aguardara una veintena de correligionarios. Pero adentro, entre los sembradíos de mesas y sillas que se multiplican conforme uno va clavándose en el corazón del legendario 14, hay escasas miradas para nosotros. Contra lo que nos dijo más de un amarillista, la concurrencia luce más interesada en bailar y reír que en gastarse su tiempo desafiando fureños. Tras una barra de cemento, pertrechado por varios centenares de lagers amontonadas en el interior de dos tinas-hieleras, atiende un cantinero saltimbanqui que no tarda en pitcharnos la mejor bienvenida: dos *lagartos helásticos* a precio de estanquillo. Cualquier *tough guy* lo sabe: lo fureño y lo blando se te quita chupando.

Al primer revisón, el tropel del 14 peca de normalazo. Más que una multitud de tipos duros, se mira entre el paisaje un deambular de grupos y parejas en alta efervescencia social, mientras la pista hierve de cuerpos en incesante reventón salsero, tecno, rapero, *disco*. F. y yo rebuscamos en balde una mesa vacía, y al cabo nos las agenciamos para apañar un par de sillas y desde allí mirar hacia el paisaje que aún no terminamos de absorber, pero ni qué decir: promete. Un tanto arrinconado por la inhibición propia de quienes aún no arriban a la segunda chela, recorro con la vista los gusanos de globos blanco y rosa que cuelgan de lo alto del gigantesco patio, pintado de un azul a su manera turbio. Flanqueando a la oceánica pista de baile, álzanse cuatro columnas cuadradas, también de cemento azul, tres de las cuales han sido engalanadas por una escuálida lombriz lumínica, formada por foquitos de colores festivos, románticos, siniestros: guiños de ambigüedad para un espacio que, como más tarde lo sabremos, es tierra de libertades, altar de calenturas y sepulcro de candores. *No hemos visto nada*, le digo a mi amigo F., cuya atención se ha desviado hacia la pista donde se comprueba que los tipos duros sí bailan, y que a menudo lo hacen con otro tipo duro por pareja. Más allá de las mesas habitadas por jaurías de hombres y mujeres, o por bolitas de compadres que han estirado al compadrazgo más allá de sus límites usuales, se esparcen las parejas de tipos duros que de cuando en cuando se sonríen, se abrazan, o ya de plano se acomodan un picorete labio a labio.

Ir ya por la segunda chela significa, para un profano como su amigo y humilde narrador, volver a Hollywood. Camino entre los cuerpos, esquivo a una pareja de bigotones querendones y ataco la guarida del cantinero con el ímpetu de Al Pacino en *Cruising*. Chela en mano, regreso a mi lugar, un tanto vulnerado por la triste sospecha de que me parezco más a Jerry Lewis recién llegado al *Saló* de Passolini. F. observa, no sin ese cierto *freak* que distingue a los bugas cuando se hallan inmersos entre una mayoría gay, que nuestro rincón ha sido tomado por una horda de bigotones con las cabezas rasuradas *á la brush* y decididos malos modos, de forma que resulta cada vez más comprometido mirar en torno. Sigilosos, mosqueados por un aire que ha ido ganando peso y densidad, aturdidos por el chillido de las bocinas gangosas, nos levantamos de las sillas en las que semejábamos niños castigados y no tipos duros (como sería el caso del zutano durísimo que ahora mismo se abre la camisa perfectamente blanca para ajustar uno de los tirantes de su *brassiere* negro). Cansado de escudriñar entre las parejas de la pista cuyas manos se toman sin cesar para darse las vueltecitas mutuas que hacen de ciertos bailes extravíos concéntricos, F. me insinúa la posibilidad de largarnos *right now*. Pero he aquí que en forma simultánea se aparece un mesero con los otros lagartos, y descuidadamente suelta la oferta que no nos dejará salir del 14 durante toda la próxima hora: *Ahí viene el primer show.*

F. se desconcierta, mas el morbo lo vence: *¿Qué pasa en el primer show? ¿A poco hay otro?*, me pregunta discretamente, como si el mesero y los tipos duros que nos rodean no advirtieran nuestra ruidosa extranjería. Pero ya se sabe que la tercera chela es siempre milagrosa: el líquido bendito ha tomado posesión de mi faringe y una rubia piernuda de pinta *sadomasonazipunk* pasa de largo junto a nosotros. A partir de este punto, cuando termino por concluir que *todo cabe en el 14 (sabiéndolo abo-*

tonar), y que a final de cuentas uno también es parte de ese *todo*, siento una repentina ola de simpatía que arrasa con mis dudas de turista. Recuerdo entonces a Las Tecatas, digno ancestro del 14: un leonero escondido en lo profundo de un estacionamiento subterráneo, por el cual solían dejarse caer, fugitivos del alba, los tipos más duros de los años ochenta —matones evidentes, briagotes vitalicios, locas intoxicadas, forzudos de pelo, copa y silicón en pecho—. Como Las Tecatas, el 14 es una de esas cuevas que parecen dispuestas a adoptar a cualquiera. Más aún si se queda a ver el show.

Es la una de la mañana cuando el animador suplica a los danzantes que abandonen la pista, de pronto iluminada por súbitos fanales que dan a estos momentos un aire de hechizante comezón. Dos empleados caminan, cargando un diván rojo al que finalmente depositan justo en medio del territorio recién desalojado. El animador nos recuerda que estamos en el mero 14, y sin más protocolos anuncia a la primera majestad: *Alma Rosa, Reina de la Noche*.

No es Alma Rosa mujer de una sola postura frente a la vida. Con algunos gramos de más pero muchos remilgos de menos, la *Reina de la Noche* va directo al grano: apenas ha comenzado a bailar cuando, con escasos aplausos que premien su nobleza, se ha quedado totalmente desnuda. Instantes más tarde, la mujer se desplaza por la orilla de la pista, solicitando la participación de un aguerrido *voluntario*. Mas no todos los caballeros que la rodean parecen dispuestos a jugársela con Alma Rosa, de modo que el presentador insiste. Se solicita la presencia de un soldado, tipo duro por excelencia, en el centro de la pista. Cuando el valiente acude hasta el diván, Alma Rosa no pierde ni un instante: lo desnuda veloz —para sonoro regocijo de un público que, ahora sí, aplaude y aúlla—, lo tumba en el diván, le coloca un condón en larga sea la parte y se le sienta encima.

En cada centímetro del diván, sobre cada columna, orilla tras orilla de la pista, la *Reina de la Noche* y su pareja escenifican el mismo ritual, con una riqueza de variantes que jamás los agarra mal parados. Y el respetable, que ha entrado ya en calor, no puede sino expresar su respeto por Alma Rosa cuando, desdeñosa de toda saciedad, hace subir al segundo soldado y lo encuera al contado, mientras el anterior, cohibido ante tanto circo, se bate en retirada. Serán al menos cinco las canciones que transcurran mientras Alma Rosa ofrende sus meneos ante nuestras pupilas.

Duro-duro-duro-duro, corea el respetable mientras una mujer, bella y esbelta pero ligeramente mojigata, lucha contra los ímpetus de su pareja: el quinto voluntario de la noche. A diferencia de sus demás compañeros, que acudieron gustosos y jariosos al llamado de las dos primeras mujeres de hoy, para terminar desinflados y presas de una estridente timidez, el quinto valentón ha llegado en calidad de olla express y no quiere dar tregua. En un descuido, la mujer resbala y queda tendida bocarriba en el diván. El hombre brinca encima, aprisiona ambos brazos y la embiste sin pausa. A cada nuevo empujón, la mujer agita los hombros indefensos, avanza el diván (sus patas rechinando sobre el piso) y resuena el clamor de los presentes como una artillería: *duro-duro-duro-duro-duro*. En lo hondo de las bocinas, la voz chillona de Lennon repite ilusionada que *It will be just like starting over.*

La pista se vacía, el animador anuncia la presencia de Reyna Marú, *la Chica Erótica*, y mi beneplácito se desborda cuando descubro que a la pista llega nada menos que la rubia *sadomasonazipunk*, enfundada en una de esas combinaciones de piel y encaje que llevan al más *cool* al punto de cocción. Reyna Marú se despoja sólo de la tanga y algún otro trapo de sobra y es así, vestida pero desnuda, como vaga entre las mesas pidiendo la colaboración simultánea de ¡cinco voluntarios cinco! Deseoso de fundar y presidir el Club de Admiradores de Reyna Marú, me acerco hasta la orilla de la pista, me uno a la valla de hombres y mujeres que observan de pie la escena y confirmo que los tipos duros son especie en extinción: de cinco machos requeridos, sólo dos acceden a subir y encuerarse con la Chica Erótica. Una vez que los bravos están frente a ella y el mesero ha llegado hasta el terceto para proveer los impostergables profilácticos, Reyna Marú se lanza a cumplir con la primera parte del examen, que en su caso es oral y simultáneo. Sinodales exigentes, los amantes de Reyna Marú no le dan tregua y de pronto la embisten por dos flancos, mientras un hombre de cabeza blanca se desplaza en torno suyo, trapeador en mano, retirando uno a uno los condones y arrastrando la jerga por el piso pringoso.

La escena es seductora, por escalofriante. Y viceversa. Mas no todos los duros son igual de duros… Cuando la Chica Erótica mejor escenifica sus peliagudas acrobacias, uno de los valientes agarra su ropa y se retira. Mas el otro resiste, y aún después de acabada la música se empeña en darle fuego al sexto mandamiento, en medio de una multitud que aplaude a rabiar. Aún miro las oscilaciones lúbricas de la prodigiosa Reyna Marú cuando mi amigo F., angustiado, acude a mí: *¡Güey, vámonos, acaban de acariciarme las nalgas y hasta me dijeron que las tenía mejores que Reyna Marú!* Cuando le pregunto si ya juntó algo de dinero me responde que *¡Ya no mames, carajo, vámonos!* Mientras Reyna Marú abandona la pista encueradota y el animador da por terminado el primero de los espectáculos, dos fuereños salen catapultados hacia la calle de Ecuador, donde el puro acto de jalar aire fresco a los pulmones resulta terapéutico. Dos minutos después, mientras volvemos en silencio por la plaza, con el aire de Marlon Brando recorriendo los muelles de *Nido de ratas*, regresa a mi memoria la pregunta que, al salir, dejé sin respuesta: *No se quedan al show de las cinco… ¿señores?*

La agonía del *chic* y el retorno del naco vengador

Ningún mexicano sentiríase plenamente contento con la vida si no contara con al menos un semejante en quien descargar el más contundente de los insultos nacionales, mismo que como tantas palabrotas contiene solamente cuatro letras: n-a-c-o. De ahí que cada mexicano viva y se desviva para conservar o conseguir un certificado de que *no es naco*. Mas, para que podamos hacerlo valer en sociedad, requerimos que tal certificado nos sea expedido en presencia de todos nuestros conocidos, o que siquiera tenga la cualidad de ser portátil como un escapulario. Se necesita, pues, un carnet de no-identidad, cuya sola presentación alcance para excluir públicamente a su portador de la temida tribu. Durante casi dos décadas, este certificado se llevó en la cartera, materializado en una credencial del Club Quetzal.

Un día las credenciales se acabaron: el casero echó al último Quetzal de la casona de Reforma donde había sido edificado, seis años antes, con una estructura totalmente desarmable y, tal como aquella madrugada pudieron saberlo meseros y desvelados, embargable. Heredero directo del Quetzal de la calle de Niza, hermano carnal de los espurios Quetzales de Cuernavaca, Valle de Bravo y, *believe it or not*, Gustavo Baz, el Quetzal de Reforma nació, vivió y sucumbió como un limbo sintético, territorio de excepción cuyos ciudadanos reuníanse cada semana para paladear juntos ese privilegio que sólo puede ser fugaz quimera: la certeza de que no se es lo que en el fondo todo el mundo es. Como quien dice, *si yo fuera naco no estaría en el Quetzal*. Sus oficinas pecaban de modestas, diríase incluso que *demasiado* modestas. Pero igual los aspirantes acudían escamados, reverentes, pues más allá del aspecto material de las oficinas estaba su aura social. Por lo demás, todo prospecto de socio sabía lo que se jugaba con su primera visita: la aprobación de uno de los más rigurosos exámenes antinaco que pueden practicarse. O al menos eso creían, y por eso entraban con el garbo de D'Artagnan: arrogantes pero serviciales, precedidos por la antena —por entonces extensa— de un teléfono que a modo de florete se abría paso entre miradas inquisidoras y escépticas: los ojos del Quetzal. El espectáculo era lamentable, como lo es de ordinario la súbita humildad de un cortesano déspota.

Una vez que se habían caído con los mil dólares de su membresía, los futuros socios del Quetzal —o *Club de Clubes*, que era como se llamaba la empresa cuyos propietarios jamás ocultaron sus intenciones de convertirse en la Suprema Corte de la Exquisitez— hallábanse obligados a dejarse ver por sus oficinas. Por teléfono se les decía que la visita no tendría más propósito que el de identificar sus inquietudes culturales. Pero la verdad era más prosaica: tanto socios como entrevistadores sabían que para el Quetzal, como para la aplastante mayoría de sus asiduos —tipos que no abren un libro ni en defensa propia—, el cuento de la cultura era un puro barniz, acaso suficiente para disimular las imperfecciones nacoides implícitas en el diario trato social de quien vive esperanzado al amparo de una credencial plástica, con su nombre impreso entre una parvada de quetzalitos redentores. En el caso concreto de la entrevista, lo importante no estaba en averiguar si el aspirante sabía que *La piel de zapa* no es una boutique de sacos y chamarras sino, nada más, verificar si acaso su conversación, su aspecto y sus modales resultaban distintos de los de un naco. El examinado, por su parte, conocía o suponía las razones por las que se le citaba, pero no podía menos que compartir el criterio de sus inquisidores: de no existir semejante procedimiento de exclusión, las puertas del Quetzal podían quedar vulnerables a los ímpetus del naquerío, y eso nadie lo deseaba. Por eso se sometía gustoso al interrogatorio. Porque él, que al igual que noventa millones de mexicanos se consideraba *anything but a naco*, tampoco quería ver al templo de su *chic* invadido por la temida tribu. De hecho, había pagado *mil bucks* por esquivarla.

¡Ah, el examen! De sólo ver a los pobrecitos aspirantes daban ganas de llorar. A menudo de risa. Unos mostraban el saldo de la cuenta bancaria, otros sacaban brillo a los recuerdos de sus viajes y casi ninguno perdía la ocasión de hacer sonar el nombre de una escuela costosa. Eran propios, eran solemnes, eran aprendices aventajados del lenguaje bursátil, pero por sobre todo eran ingenuos. Creían, los muy cándidos, que frecuentar el Quetzal los borraría para siempre de toda posible lista de nacos, y como si la titubeante presión de sus aspiraciones recónditas no fuese suficiente, debían soportar el pavor metafísico a un veredicto adverso. Si en la entrevista se traslucía el menor indicio de chundez, el aspirante ya podía ir imaginándose la quemada inminente: *Fíjate que Zutanito compró una membresía en el Quetzal, pero luego lo re-cha-za-ron.* ¿Por qué? Sólo hay una respuesta: *por naco.* Pero, como sus auditores de sobra lo sabían, el Quetzal era un antro pobretón, y ya ven ustedes que a quien padece privaciones no le van bien los moños. Agobiado por las deudas y zancadillado por los sueños lisérgicos de su empresa madre —cuyas ambiciones vivieron siempre a espaldas de sus posibilidades—, el Quetzal comenzó a recibir socios de toda estofa. Si bien, muy al principio, las autoridades del congal diéronse el cuestionable lujo de negar la venta de membresías a quien fuese o pareciese naco, árabe o judío —los tres magnos estigmas del pájaro himmleriano— el tiempo terminó por inclinar la balanza en favor de los estigmatizados: antes que de su *pedigree*, el Quetzal requería del guapo chequecito. Así, en medio de la multiplicación geométrica de sus acreedores, el Quetzal fue llenándose no de los aristócratas supuestos que se consideraban inmunes a toda naquitud, sino del peladaje que aspiraba a pertenecer a un círculo que de repente, merced al *belly dance* de los billetes verdes, se le abría cual claudicante doncellez.

Como todos los sitios frecuentados por cazadores de prestigio social, el Quetzal tenía sus pruebas de fuego, y una de ellas era saludar de sonrisa & abrazo al administrador de siempre, Luis Herrera. Hombre obeso, moreno, con marcados rasgos indígenas, Herrera solía proclamar que al Quetzal entraba *pura gente bonita, pura gente blanca.* Efectivamente: el enemigo número uno de los nacos no era un aristócrata, sino el modelo más crudo del arribista: un *socialité* súbito, inverosímil, plebeyo de abolengo decidido a ubicarse en un ambiente que lo agrede con su desdén al tiempo que lo hechiza con su *glam*. Igual que el mismo Herrera, los recién ascendidos al universo enmascarado del Quetzal sólo tenían una opción para sacudirse la mancha de saberse *nuevos*: renunciar a su sospechable calidad de nacos, y a partir de entonces, montados en un cuaco celoso y prepotente, vivir para ocultar la herencia de un origen que habíase tornado inconveniente.

Quien suponga que los modales en el Quetzal eran solemnes, o siquiera rígidos, ya se fue con la misma finta que en principio burló a los socios del club. Contra la creencia general, engendrada en el tierno corazón de una clase media que suele ser mejor recibida en las peñas y los Yarda's Bar, el Quetzal debía su éxito al desenfado, a menudo rayano en mamarrachada, compartido por buena parte de sus asistentes. Anclados en la era *disco*, veteranos de por lo menos un centenar de bodas, conocedores de las obras completas de Luis Miguel, los asiduos del Quetzal nunca se distinguieron por sus bríos juveniles, sino al contrario: un conservadurismo avejentado que de antemano renegaba de la más sutil extravagancia. Por eso sus festines, que pretendían desarrollarse al cobijo de un provincianismo fraternal y excluyente, acababan precisamente como las bodas, fiestas nacas por excelencia donde al calor de los alcoholes los desconocidos se vuelven amigos, los amigos se dicen hermanos y los hermanos se gritan: *¡Compadre!* Animados por un *dj* que de sobra sabía de qué pie cojeaba su clientela, los verdaderos golfos del congal no solían pararle antes del amanecer, en medio de una larga competencia cuyos protagonistas eran las botellas de Crystal y Dom Perignon sobre la mesa, la condición física de los que nunca parecían cansarse de bailar cantando, los halagos y adulaciones cruzadas entre quienes se sabían odiados adversarios, las vistosas *vamps* a la caza de hombres viejos pero pesudos y, en el papel principal, los *panchazos* de los alegres. Pero estos últimos protagonistas, depositarios de la sagrada misión de recordarle al presunto exquisito que al fondo de su circunspecto ser seguía siendo un naco, bien valen unas líneas más.

¡Ajjj! Middle class!, sentenció una mañana, mientras seleccionaba las fotografías de los asistentes a un evento en el Quetzal, Pablo Rincón Gallardo, accionista mayoritario y autor del proyecto Club de Clubes —copia criolla de *Club of Clubs International*, organización afiliada a los antros más discriminantes del orbe—. Amigo personal de Felipe de Edimburgo y enemigo mortal de los *panchos*, Rincón Gallardo se ocupaba puntillosamente de borrar del Quetzal todo rastro de esa *middle class* ambiciosa y obtusa que ante sus ojos aparecía como depositaria de toda la naquitud de este mundo. Pero ya era tarde, y las fotos así lo testimoniaban: el Quetzal, una vez pleno de nuevos ricos, de pronto se llenó de aspirantes a nuevos ricos, y de aspirantes a aspirantes… Entre tan amplia fauna, no faltaron los pelafustanes dispuestos a quitarse la camisa en la pista, tirarle los canes a la señora del vecino, polvearse las narices en el baño, ponérsele gallitos al mesero y, en general, cometer todas aquellas tropelías que delatan a los falsos exquisitos como au-

ténticos nahuales. Pero, ¿cómo reprenderlos? ¿Qué hacer para mostrar a un trepador social qué tan frágiles son sus apariencias? Y, antes que nada, ¿cómo evitar que un antro simbólico imante la presencia de quienes sólo se guían por símbolos? Cuando menos lo pensaron, los miembros del Quetzal topáronse con que su cielo no era cielo, sino ya con trabajos un elevador. Por mil dólares, cualquiera podía subir hasta el *penthouse*.

¿Tenían las instalaciones del Quetzal un atractivo especial? No. Desde sus inicios, a mitad de los años setenta, el Quetzal fue más un grupo de gente que una *discotheque*. Quienes pugnaban por entrar lo hacían para pertenecer, o sentir que pertenecían a ese grupo de gente. Lógico era que se multiplicaran los colados —especialmente si tomamos en cuenta que sus dueños se hallaban agónicamente urgidos del dinero que los advenedizos podían aportarles— y que un día el Quetzal terminara vendiendo *status* al mejor postor, en la forma de una tarjeta que fungía como salvoconducto hacia un tipo de *chic* tan dudoso como los fines filantrópicos del doctor Goebbels. Sí, señores: los nacos finalmente paladeaban el aguamiel de la venganza.

¿Contra quiénes tomó revancha el naquerío? Contra los renegados: esos otros nacos que mediante despotismos y desdenes pretenden liberarse de un calificativo indeleble, reclamando la nobiliaria exclusividad que hace tiempo fue derrotada por el único soberano vivo en estas épocas: *El Billete, Ladies and Gentlemen*. Por causa del billete fue creado y liquidado este tugurio, que mientras tuvo vida no hizo sino albergar ese dulce aroma que hace de príncipes plebeyos y de plebeyos monarcas.

Se cuenta que sus fundadores andan aún en busca de un socio con los dólares bastantes para fundar un nuevo Quetzal. No obstante, está por verse si la rutilante memoria del antro sobrevive al azoro que debió de embargar a media clase media cuando desayunóse con la noticia, documentada en varios periódicos, de que el tal Quetzal había corrido la misma suerte que los vecinos de *La familia Burrón*, lanzados y embargados por el casero: *¿Qué pasó? ¿No que no? ¿Quién dijo que no eran nacos?*

Mamazonas a galope

Elegir un compinche de farra es tan sencillo y al propio tiempo tan complicado como dar con un buen compañero de viaje. Es por eso que esta noche, decidido a reptar entre los rincones de un reducto famoso por su estímulo a la práctica del amor pagado —variante mercantil del amor correspondido—, he resuelto solicitar la complicidad de mi viejo amigo Alejo: uno de esos sujetos cuya perenne avidez de lujuria los hace particularmente vulnerables al siroco tenaz de las mujeres públicas.

¿Qué tal andan Las Uvas?, pregunta el putañero, acaso reviviendo el contacto tenaz de aquellas pieles que jamás regatearon sus favores a todo aquel que se mostró dispuesto a corresponder no con rosas, ni con estrellas, ni con afrodisiacos anillos de compromiso, sino con la más simple, sincera y cautivadora de las galanterías, que como a todos consta es un ramo tupido de billetes. Los ojos irritados de Alejo —jícamas que se cuecen bajo el limón ardiente del deseo y los chiles piquines de la abstinencia— confirman que esta vez acerté la elección. Mientras los eternos reclutadores de Barbies, deslumbrados por los mismos mitos que acomplejaron al príncipe Xocoyotzin, rinden tributo y vasallaje a los cuerpos perfectos de otros sitios más pulcros, donde el Factor Barbie alcanza su

expresión más acabada, mi compinche, que hace años no abre un *Playboy*, inclínase por otra clase de soberanas...

Hablo, mis amigos, de aquellas cuya exótica hermosura se ríe de la perfección, y es más: sus imperfecciones, de por sí ajenas a la asepsia común del Factor Barbie, son justamente el magneto fatal que les da misteriosos poderes sobre aquellos que aprecian cuanto es único. Mujeres asimétricas, desdeñosas del modelo o desdeñadas por él, cuya sensualidad vive unas millas más allá o más acá de las muecas fenicias que dan al Factor Barbie la espontaneidad propia de un infomercial. Mujeres que jamás se sintieron beldades, pero igual se sabían seductoras. Mujeres cazadoras, amazonas vampíricas, chicas acaudaladas de experiencia y olvidadizas de toda parvulez. Tales son las carnadas que buscamos en Las Uvas, pues para un buen orógrafo de los antojos la imperfección no es ya tanto defecto como poesía.

¿Quién osaría, en su sano delirio, renegar de una amante extravagante? Alejo no, y su amigo y humilde narrador tampoco. Por eso damos pasos firmes sobre General Prim, pasando de largo frente al Tavar's y sus perfectas barbilíneas. *Tan perfectas*, se ensimisma Alejo, presa de una fugaz ensoñación, *que la más jodidona bien podría ser madre de mis hijos*. Pero como sucede que no hemos descendido a estas mazmorras del deseo para conseguir cónyuge, secretaria ni recamarera —en cuyo caso el factor Barbie pasaría quizás a ser bienvenido— optamos por seguir el sendero hacia las crujías morales donde se hallan, venerables y abnegadas, las madres de nuestras perversiones: hijas legítimas en permanente y orgulloso crecimiento. Unos metros más allá, justo debajo del resplandeciente racimo que un día se mudó de Milán a General Prim, las puertas de Las Uvas se nos abren con todo y sus secretos. Alejo da dos pasos, mira en su derredor y suelta la sonrisa de quien se sabe en casa. Clavadas sus retinas en los muslos continentales que le han cruzado el cráneo como atraviesa un Raleigh un barril de Shell, mi amigo aún ignora que el Creador está cerca de hacer un jugoso depósito en su cuenta.

No parece Las Uvas un antro irrepetible, pero su atmósfera en diversos sentidos acogedora, sus espacios estrechos y sus vivísimos recursos humanos resultan amplios, cumplidos y bastantes para que uno se sienta prontamente adoptado. Los alcoholitos, esos imprescindibles alcahuetes, se dejan succionar por un billete chico, aunque quien se disponga a dejarse hechizar por Las Uvas hará mejor pidiendo una botella. Nadie sabe por qué, pero es cierto que la presencia de una botella suele atraer a las chicas veloces: basta con que la miren sobre la mesa para que, arrastradas por una sed metafísica que no explican por sí mismos el líquido y el billete, se sientan compelidas a sobrevolarla. El mesero nos tranquiliza: *No cover*, y mi amigo decide celebrar tan fina gentileza desvirgando precisamente a doña Tella.

Un minuto antes de que la poción arribe, Ivette pasa junto a nosotros y asciende a la pista, poseída por la seguridad que da el saberse contemplada, desde ya, por una humedecible manada de mandriles cuyas glándulas salivales ya están en lo suyo. ¿Quién no desea, entre todos estos señores en apariencia circunspectos pero progresivamente aflojados por la inminencia del frenesí, comerse a Ivette pedazo a pedacito, descoyuntarla y exprimirla como ningún gorila de verdad lo haría? Genuina joya del mestizaje local, pelo castaño y cuerpo largo, si bien pleno de abismos y peraltadas, Ivette se desentiende de sus ropajes con arrogancia propia de diva, sin detener la vista en su público, pero eso sí: preocupada por conseguir que todos apreciemos el sonoro espectáculo de su impudicia. Es necesario reconocer, sin embargo, que Ivette descansa más en el golpe de vista propinado por su cuerpo —ese súbito *flash* al que llamamos *gatazo*— que en el desarrollo de artes más personales, poco menos que obligatorias en su admirable profesión. En tal sentido Ivette, beldad incuestionable, no termina de estar lejos del Factor Barbie, en el cual la mujer suele considerar a su hermosura como un regalo del Altísimo (de ahí que no se ocupe en dar a esa belleza el respaldo de un alma generosa e insaciable).

Pero los minutos pasan y la paciencia de Alejo escasea. Dice mi compañero de parranda que antes, cuando Las Uvas eran un simple bar, sus mesas lucían repletas de parroquianos y las nenas, apenas advertían su llegada, volaban a proveer toda suerte de mimos y arrumacos. *¿Tan temprano?*, pregunto con un ojo en el reloj, y entonces cae Alejo en la cuenta de que son las once y media. Para un encueradero que cierra a las cinco, la fase de calentamiento apenas comienza. Y para quien lo dude ahí está la mujer de verde: forrada por algunas cintas de mínimo espesor, cubiertas sus helenas —sustantivo admirativo que designa a la baja espalda cuando se distingue por su dórica hermosura— por un paño que tiene los inquietantes brillos del neón y la naturaleza volátil de los pétalos, desabotonando la camisa de un hombre que hasta hace cinco minutos se acomodaba la corbata. *¿Y a poco yo estoy pintado?*, refunfuña Alejo, preguntándose en qué puto momento vendrá una de las anheladas deambulantes a levantarle el ego, acicatear sus ímpetus y apaciguar a punta de caricias las ansias que lo traen mordiendo el vaso, chupeteando los hielos, sirviendo el chorro de aguaquina en el mantel.

En eso estábamos cuando desembarcó Sally, y después de Sally la pista —junto a nosotros, claro— no volvió a ser la misma. Dueña de una intuición estética notoriamente desarrollada, Sally es la gran cacique de la pista. Indecentemente morena, con la mirada más profunda que un sacrilegio a medio Viernes Santo, Sally sonríe un poco a la usanza del Demonio. No tiene, como Ivette, un equipo perfecto, pero me atrevo a decir que es una destacada administradora de sus imperfecciones. De ahí que, al menos aquí dentro, sus disonancias luzcan sensuales como ninguna. Sally camina lento, casi titubeante, y a su paso deja una estela pecaminosa que contagia las columnas, el piso, los espejos, el tubo que se yergue a media pista y la mira estirarse, colgarse y contemplar de mesa en mesa, de estupor en estupor, a sus contempladores, como una hembra de murciélago que antes de encajar los colmillos en su víctima tiene la lúbrica desfachatez de pedir permiso. Conforme va encontrando en los ojos de todos la misma súplica rendida, Sally se va quitando la ropa sonriente, parsimoniosa. Y no bien se ha desembarazado de las nunca más estorbosas tarzaneras, la mujer se nos tiende, se extiende, se toca. De carne dúctil y esqueleto elástico, Sally se entrega en un perfecto *split* sobre la duela, al tiempo que remoja las puntas de sus dedos entre los labios más ansiados y elocuentes de la noche. Cuando Sally, colgada del tubo de aluminio como una figura de carrusel, posa su vista en nuestra mesa, lamiéndose las yemas una por una, Alejo se limita a ladrar. Y minutos más tarde, al fin del espectáculo, su amigo y humilde narrador debe sofocar un graznido impertinente, motivado por el cuerpo absolutamente desnudo que se detiene veinte centímetros más allá del recipiente de los hielos. Con legítimo azoro, comprueba Alejo que ninguno se ha derretido.

Después vendrán más mujeres, incluso subirán todas a la pista, obedeciendo a la presentación en sociedad que toda persona educada suele practicar frente a los desconocidos, pero mi amigo Alejo ya sólo tendrá babas para Sally. Más ahora, cuando Sally, a medias confundida entre sus compañeras, trabaja con ahínco en otra mesa. Miren ustedes a esos oficinistas felices, observen el vigor de sus manotas ajenas a amenazas de auditoría, verifiquen lo poco que les importa el alza en las tasas de interés frente a la baja súbita de sus inhibiciones elementales. A partir de este punto, las mesas bien servidas serán sólo las que den hospitalidad a más de dos mujeres entre sus sillas. *¿Sus sillas?* ¡No, señor! Las muchachas cabalgan más cómodas sobre la humanidad de sus clientes, una y otro con el pecho desnudo, la boca abierta y las manos cautivas de un teclado que repite los más arduos acordes de la *Polonesa Erótica*. Pero tan desmedido paisaje no es suficiente para convencer a Alejo de conformarse con la gentileza de las chicas que llegan, efusivas y obsequiosas, a ofrecer sus encantos mamazónicos. Alejo ruge: *¡Quiero aquí a Sally!*, y los ecos metálicos de su voz me permiten intuir que más tardará el próximo trago en pasar por mi garganta que Sally en presentarse, fuete en mano. *Si quieres pasarte la canción completa conmigo encima, entrégame un boleto, pero si me das tres, nos vamos juntos al privado, nos desnudamos completamente y nos acariciamos por tres canciones*, ronronea Sally, zapatos de tacón, diminuto chaleco bien abierto al frente, braga brevísima que surca unas caderas nada pequeñas, la diestra pepenando la entrepierna del cliente. Aturdido y presuroso, Alejo hace una seña a la señora de los boletos, suelta algunos billetes a medio sudar y se tiende sobre la silla para que Sally, jinete de excepción, lo monte en una suerte de giro charro, le bote los botones y se libre *ipso facto* del chaleco. Sally abraza, besa, resbala, oprime, aletea sobre un cliente abrumadamente satisfecho, mientras una devota medallita brincotea entre sus senos saltarines. A la mitad del jaripeo privado que ya salpica ganas en las mesas vecinas, la mujer se desliza lentamente hasta quedar de hinojos en el piso, pepenar a mi amigo de las caderas y abalanzarse sobre el tiro de su pantalón. Deben ser dos, quizás tres las delicadas mordiditas que Sally le administra precisamente allí, donde la sangre se junta para darle cuerpo al ansia, continuidad a la especie y sentido a la vida. Reptil, felino, anélido, escorpión, la mujer se retuerce sin cesar, cual si lo suyo fuese una danza infinita. Pero todo se acaba en esta vida y el boleto de Alejo no es la excepción:

súbitamente la canción termina, Sally le obsequia un beso, otro para su amigo y humilde narrador y allá van sus caderas, en camino de un nuevo y devastador galope.

Alejo me contempla con sincera cara de idiota, rebusca en su cartera, cuenta peso por peso y me pregunta exactamente qué hora es. Veo el reloj y le explico que faltan doscientos sesenta y tres minutos para las cinco. El mesero aconseja: *Si van a pasarle al privado, mejor vayan apuntándose porque está larga la lista de espera.* Mamazona divinamente cínica y sencillamente lúbrica, rica en rocines y pródiga en rozones, Sally me cierra un ojo desde su dura cabalgadura y alguien dentro de mí relincha de alegría. Creo que vamos a ser grandes amigos.

No se admiten demonios

Al diablo de la izquierda se le ha roto la mano derecha, mas sus dedos aún tocan la trompeta. Custodio celoso de la concha de oro que brota en la pared color de rosa, su colega de la derecha no parece tocar el instrumento, sino usarlo de catalejo para fisgar de cerca las lentas aguas, la silente marea, la tímida resaca de pasiones. Patas de cabra, cuerpos rosa y oro, miradas vigilantes como las de todos los diablos de éste y los demás mundos. Y abajo, en el piso más pisado de toda la colonia Obrera, suavemente se agita una amante muchedumbre: los danzoneros.

La calle se ha quedado lentamente quieta. Es miércoles, dieron casi las nueve de la noche y los autos parecen a cada instante solitarios, presurosos, distantes. A unos cien metros de Niño Perdido, rodeado por la presencia espectral del Caballo Loco, el Molino Rojo y el Hotel Maya, se alza el Salón Colonia, único y luminoso, henchido de la dignidad de un islote convertido en república. Muy lejos de los campos de batalla vecinos —el Balalaika, el Mocambo, reductos de los últimos cabareteros—, los ciudadanos del Colonia llegan temprano, apenas caen los párpados de tiendas y oficinas. No siempre son amigos, pero invariablemente resultan aliados, y como tales cruzan la cortina negra que separa al Salón Colonia del resto del universo, sabedores de que la vida sin baile nomás no es tal, y que a un lugar como éste sólo se viene a girar, con el aplomo de quien podrá no ser el dueño de su destino, pero es el soberano del instante.

El Salón Colonia: una conspiración de muros y columnas que, tal como sus diablos, se debaten a diario entre el rosa y el dorado; arpas esculpidas sobre las paredes, listas para el rasgueo de los ángeles; largas bancas anaranjadas, todas sobrepobladas de mujeres que sólo esperan el momento de volver a girar; balcones, mesas, meseros que se han pasado la vida mirando a las parejas bailar, entre ovaciones a los músicos y viajes a la mesa donde un tanque de combustible los aguarda como una brisa convocada. Una cerveza, un tehuacán, un sidral: no hay danzón sin gasolina.

Suele sobrar la luz en el Colonia. Formados sobre el techo, los tubos fluorescentes prohíben la penumbra. Por eso la multitud se ha dividido en dos: los de adentro, que danzonean de frente a la orquesta y jamás escatiman sus aplausos, y los de afuera, parejitas tomadas de la mano cuyas oscilaciones son sólo delatadas por el brillo lunar. Pero adentro o afuera, con la luna o sin ella, las miradas parecen siempre volar hacia una inmensidad que no está entre las paredes del Colonia sino más allá, en esas altiplanicies del Infinito donde los corazones insubordinados combaten contra el tiempo y la ausencia, decididos a defender con sus latidos el sagrado derecho a la hechicería. Es así, volando por los ciclos en círculos perpetuos, con la mano trenzada de otra mano y los ojos altivos extraviados entre Orión y Acuario, como los cuerpos del Colonia danzan, paladeando el placer de no estar solos y ver de frente al mundo, invulnerables.

Botines, charoles, tacones, sombreros, cachuchas, trajes, camisetas, a quién le importa la ropa cuando la percha está que arde. Pero esas llamas, las que obligan a los tobillos a seguir una traslación interminable, no se hallan en la pelvis, sino más adentro. En el reino del danzón, las apariencias han sido desplazadas por el poder del olvido. Como la lozanía y la belleza física, fantasmas deslavados que nadie sabe cuándo ni cómo se largaron, los ropajes del miércoles por la noche no suelen decir mucho de la gala que envuelve al corazón. Aquel que pasa lista en el Colonia no necesita del talle breve, la piel firme o el perfil olímpico, sobre todo porque después de tanto bailar ya se dio cuenta de que a la hermosura corporal le sucede lo mismo que al recuerdo: con el tiempo se oculta, se deforma, se desvanece hasta la más atroz insignificancia, cediendo paso al cutis del sentimiento. Las parejas del Colonia bailan para que, paso a paso, sus atributos íntimos, su belleza escondida, sus menos confesables asimetrías, se transparenten hasta que los metales de la orquesta de Acerina traspasen como agujas la piel de la emoción y estallen tal cual pasa en el poema: *como un astro taciturno*. Bailar el danzón, dejarse embrujar por él, es cerrarle las puertas a la fealdad, hacer de pálpitos virtudes y embarcarse en un desafío contra tiempo y olvido. Por menos que eso, Luzbel debió mudarse a vivir en el sótano.

Solamente los muertos no se mueven, pero aquí vale más moverse con cautela. Con las caderas casi quietas y los hombros enteramente circunspectos, el cuerpo deja que sean las plantas, las pantorrillas y particularmente los ojos los que no se detengan: hasta cuando están fijos en un mismo punto late el desasosiego que los denuncia. No hay baile que describa con tan sincera y temblorosa exactitud el rito despacioso de la seducción. Y lo de menos es que la pareja sólo comparta pista y cielo durante una canción en su vida, puesto que ambos, por el solo desliz de bailar juntos, han firmado ya un pacto según el cual accederán a cortejarse silenciosamente, y a compartir aquello que para los demás, siempre extranjeros, permanecerá oscuro, lejano, inexpugnable. (Cortejarse: afirmar y negar, ir y venir, dar mil vueltas encima del mismo piso para caer rendidos en brazos del destino.) Tal como su pariente cercano, el tango, y semejante a toda historia de amor que pretenda ser cierta, este baile se empeña en ser asunto de dos, y de nadie más. Pero, ¿quién no se regalaría en cuerpo y alma a Lucifer con tal de, así fuese por un flamante instante, dejar ya de ser uno y descubrirse dos?

La Danzonera Acerina es un pelotón de trece hombres. Tras ellos, en la pared opuesta al sitio desde donde los dos demonios presiden el congal, reluce una cabeza redonda, gigantesca y negrísima, con todos los dientes blancos menos uno que, claro, decidió ser de oro; en lo hondo de su boca bien abierta se oculta un piano que los de Acerina no tocan. Y es bajo la presencia vigilante de este santo chévere que la orquesta da cuerpo a la *Comparsa china*, frente a un hormigueo de cabezas ensimismadas y complacidas por el ritmo entre arrabalero y polinesio que desafía a todas las pantorrillas. Un hombre de sombrero de pana color mostaza, la piel quemada y el pelo casi blanco hasta el hombro, bigotito querendón, evidente ascendencia callejera, le ha tomado sutilmente la mano a una mujer con mirada de quinceañera cuyos nietos tendrían que venerar como a una Minerva encarnada. Respetuoso y galante, ya mero principesco, el hombre toma distancia de su compañera y sin soltarle la mano se contonea, se quiebra, con el brazo y la sapiencia rítmica en alto, mientras la mujer —blusa floreada, falda larga, cuerpo catedraliciamente amplio— se dispone a rotar en torno a un sol que sólo ella contempla. Entre sus expresiones paralelas fluye cierta pregunta, que por meras razones de etiqueta se extenderá a lo largo de la pieza toda: *¿Sí o sí?*

Más allá del salón, solos sobre la extensa banca que de pausa en pausa se puebla de cuerpos plenos y expectantes, se hallan una mujer y un abanico. Hace sólo tres siglos, el artefacto hubiese sido suficiente para atraer a una legión de cortesanos calentones. Instrumentos callados de seducción, cínicos al servicio exclusivo de su dueña, los abanicos fueron en su tiempo culpables de amoríos y duelos sin medida, pues es sabido que su adecuado manejo permitía expresar toda una gama de altas y bajas pasiones, casi siempre registradas por los amantes e inadvertidas por los maridos. Sintomáticamente, el abanico sobrevive junto al danzón, ambos unidos por lenguajes subterráneos que sólo se dirigen a un destinatario. Aun con sus viejos códigos sepultados por un olvido de trescientos años, el abanico, pequeño biombo tras el cual se atrincheran sentimientos y deseos en su más palpitante desnudez, es entre las luces y las sombras del Salón Colonia un eficiente vehículo de seducción. Tras los pliegues de su elocuente abanico amarfilado, la mujer del vestido de satín azul crepúsculo espera la llegada de un hombre con los pies inquietos y el alma volátil. Juntos y a la sombra de un mismo danzón, unidos por idéntica conjura, los dos cumplirán con la que en el Colonia es misión impostergable: escapar del presente, abandonar el cuerpo y levantar castillos entre las nebulosas de un tiempo distinto.

Cuando el momento llega, la dama de satín alza la mano izquierda, la mirada huidiza pero los pies bien puestos en la luna. Su pareja, un tipo de cabeza reluciente como una munición, traje de tres piezas con el chaleco abierto y el cinturón oculto por un vientre que peca de soberbio, no ignora la importancia de guardar las formas. Por eso la conduce acompasadamente, la toma por el talle y deja que sus ojos se le posen unos centímetros arriba del hombro. Como diciendo: *Al fin aquí me tienes, mas no serán mis ojos quienes te lo confirmen.* Cuando el danzón termina, el hechizo entra en pausa. Las parejas se mueven hacia fuera de la pista, para volver segundos más tarde: mismo embrujo, distinto episodio. Tal como en las novelas del siglo XIX, los personajes aparecen sólo de entrega en entrega, y en cada uno de los interludios escapan hacia el limbo. Refugiarse un instante en la nada es, tanto en el danzón como en el amor, tomar el respiro que separa al ayer del mañana y deja en el ambiente un aroma exquisito a primera vez.

En el espacio sin tiempo del Salón Colonia, donde no hay mayores protagonistas que los ojos ni mejores amantes que las pantorrillas, habitan de cuando en cuando ritmos distintos. Más allá de la regia ortodoxia del Príncipe Felipe Urbán, o de los deslices cachondones de la Danzonera Dimas, están las descargas de fusilería de la orquesta de Carlos Campos, cuyos gatilleros acostumbran pasar por las armas cuanto ritmo se deje sabrosear por sus metales. Saltan entonces los reyes de la pista, toman forma las ruedas de mirones y así los trapecistas de la pasión se vuelven los atletas del bailongo. Danzan los abanicos, vuelan pañuelos, se descose la noche y de pronto, cuando cada demonio se aprestaba a posar las de cabra en la pista, vuelve hasta las bocinas la majestad del ritmo inventado para sólo dos.

Operación Lanzarote

No hay, para el merodeador nocturno, mayor villano que la rutina. Tirana insobornable y prepotente, la vida rutinaria es un perenne atentado contra toda forma de romance. ¿Quién puede someter al corazón a cuadrícula tan melancólica? En la temprana noche de un miércoles cualquiera, sin más motivo que la honda sed de romance que a todos nos acosa, el piano está rodeado de copas, botanas y un puñado de apóstoles de la pasión que no han querido arrodillarse ante los dicterios de la rutina; por eso decidieron burlarla. Arriba, velando por los sueños del pianista y sus convidados, está la efigie del patrón: escuálida, vivísima y magnífica. Pues pasa que en el piano-bar El Chato se venera la imagen de Agustín Lara.

Desde la calle de Londres no se mira sino una barra larga, cuyas bancas están ocupadas por hombres solos y afables. *¿Sabes una cosa?*, le confía uno de ellos al cantinero, *yo trabajo en el departamento de atención a clientes y me paso todo el maldito día escuchando quejas.* Paternal, el cantinero le sirve prontamente un *Añejo pintado* a su interlocutor, mientras otro cliente aconseja, entre dientes: *Ahí está, pa que dejes de quejarte.* Hay una camaradería primigenia entre los hombres frente a la barra: todos han llegado solos y ninguno desea volver tem-

prano a casa. No es que quieran emborracharse
—osadía costosa en pleno miércoles— sino, sencillamente, alivianarse. En esta barra todo, de los súbitos cuates al cantinero igualado, nos parece livia-
no. Pero no hay que engañarse creyendo que los
tránsfugas de la rutina buscan sólo la liviandad; pa-
guemos nuestros tragos, dejemos esta barra y
adentrémonos hacia el corazón del bar, por el pasillo estrecho que conduce a uno de los escondites
más amigables de la Zona Rosa.

¿Qué se esconde al fondo del bar del Chato?
Nada menos que la enemiga mortal de la rutina,
que como los intensos ya lo adivinaron es la pasión. Más que un bar, este sitio es una buhardilla.
Más que clientes, sus ocupantes son conniventes. Y
más que tragos y canciones, quienes aquí se encie-
rran lo hacen para turnarse las estrellas. Cosa improbable frente a un escritorio, un superior o un
noticiero. Lejos de todas las tiranías del mundo, los
amorosos han venido a enfrentar sus sentimientos
al espejo.

Acaricia mi ensueño
el suave murmullo
de tu suspirar...

Si, como dice el druida Kundera, con el seguro aval
del patrón Lara, es cierto que las metáforas son pe-
ligrosas, y que con las metáforas no se juega porque
el amor puede nacer de una sola metáfora, entonces los presentes son víctimas propicias del Gran
Sentimiento. Incluso las parejas de las mesas, que
por las ansias mismas de mirarse no alcanzan a escuchar sino algunas entre las frases que los sobre-

vuelan, se miran incapaces de resistir al conjuro del teclado y las voces que juntas, comprometidas con un desasosiego que al fin pueden mimar, se elevan desde el fondo del escondite: una sabrosa estancia que tras unas canciones se torna púlpito ardoroso. Pero vamos muy rápido, y al romance la prisa le provoca urticaria. De modo que metamos el *clutch*, dejemos la palanca en primera y observemos con calma este santo reducto:

Para el recién llegado, las diminutas mesas no aparecen radicalmente distintas de las de un bar quincenero cualquiera. Pero, una vez que se ha penetrado esta buhardilla, es imposible sustraerse al sortilegio emanado desde el fondo del local, donde un piano vertical luce espectacular cola postiza por la intercesión de una barra irregular donde cinco parejas cantan, beben y se destiemplan al amparo del pianista. En torno a este escenario hay una banca larga que bordea los muros, de modo que uno puede aposentarse tras el oficiante o a los lados de su piano-barra —donde mejor se sienta el golpe del romance, o en todo caso donde quede un lugarcito libre—. Un poco más acá del piano y sus adeptos, proliferan las mesas: afables, penumbrosas, dúctiles a la hora del secreto compartido, ideales para el cálido arrumaco. En un espacio equivalente al de dos recámaras medianas, el bar del Chato es capaz de expulsarlo a uno de sus costumbres, su tristeza y su época. Imposible encontrar aquí huellas de los engranes despiadados de la rutina, cuyo solo crujir fulmina el sentimiento en desnudez. Una vez al cobijo de estos muros, es fácil sospechar que todo forma parte de una conspiración urdida para devolver al romance vida, sueño y propósito, con la etiqueta propia de La Ocasión. El mismo techo, constelado de luces breves pero vivas, hace lo suyo para que nadie huya del poder corruptor de la querencia.

Hay rosas carmesí en más de una mesa. Hombres y mujeres sin edad, en su mayoría vestidos con la clase de indumentaria que los delata como honorables tránsfugas de la rutina, exhiben las hogueras de sus sentimientos ante el único auditorio del que sólo pueden venir aplausos: las pupilas absortas de su amante. Pues más allá del nombre y la licitud de su relación, quienes juntos vinieron a ocultarse del mundo en esta madriguera están condenados a ser eso: amantes, así se queden solos por el resto de sus noches.

En mi soledad
mi alma te dirá:
Te quiero.

Pero las mesas son cosa de dos. Alejados de tan secretos e inalcanzables amoríos, los devoradores de metáforas están decididos a gozar y penar en voz bien alta. Por eso aguardan, cada uno en su banco, el momento de tomar el micrófono, echar a andar al pianista y descubrir una vez más —porque en el territorio del romance una sensación mil veces vivida nunca deja de ser brusco, milagroso hallazgo— que ciertas palabras, como ciertas caricias, producen adicción, y al cabo siempre duelen como un reino robado.

El pianista: cigarro con boquilla, bigote fino, larga perspicacia, calva extensa, mirada memoriosa, corbata y saco oscuros, cuello desabrochado, copa llena y ojos clavados en el fugaz cantante. *¡Bravo, mi Luis, y arriba Ferrus!*, vocifera uno de los convocados, en la inquietante compañía de una mujer alta, vestido verde intenso y la piel negra que refulge como un piano. Aunque no todos los amigos del pianista se conocen, la mayoría llegó hasta aquí sin más amigo que Luzbel, ni mejor compañía que una sonsacadora soledad. Pero se han hecho cuates bajo el prodigio brujo de copas y canciones que más tarde, cuando se haga el silencio, darán a sus almohadas las alas que no caben dentro de una oficina.

Y pensar que tuve tan cerca
otros labios y los desprecié...
Pero no me quejo:
Fue maravilloso lo que le robé.

Amar es soñar con mares en mitad de un largo insomnio. Todo aquelarre precisa de la fuerza de la vigilia: es lícito creer que estas diez almas, reunidas para comulgar de frente a un mismo piano, son acaso las más despiertas de la comarca. Cautivos de una ensoñación que no puede sino enfrentarlos a la verdad de los sentimientos, los diez del piano y las parejas que les rodean —entre las cuales se ha colado, valeroso en la nostalgia, más de un fulano solo— se han vuelto uno con el tiempo y la distancia: una y otro enemigos de la felicidad, pero fieles aliados del sentimiento romántico.

He vivido de falacias, pero me vale pura madre, declara un hombre de alma exaltada frente a una mujer silenciosa en su fascinación. En el bar El Chato los hombres se confiesan, vociferan, cantan, mientras ellas realizan el querúbico quehacer de recoger sus palabras del piso y guardarlas como lo que son: desesperados meteoritos caídos en mitad de un infinito que se sabe efímero. Pero eso qué más da, si la auténtica vida sólo transcurre aquí, en las palabras ciertas de quien, amparado por música y metáforas de los maestros del sentimiento, no ha querido mentir. ¿Cómo evitar después que unos ojos por cuyo brillo se ha perdido la calma, el sueño y la cordura se conviertan, bajo estrellas como éstas, en ubicuos espejos? ¿Cómo no amar hasta la muerte cuando la vida, entera y en pelota, se nos ha presentado con la urgencia de un ángel heroinómano?

Que allá en el otro mundo
en vez de Infierno encuentres Gloria.
Y que una nube de tu memoria
me borre a mí.

El Chato es popular por sus escamoles, por tríos como los Tekos y por el carácter sibarita de su dueño e inspirador, pero sólo quien ha vibrado cerca de este piano puede saber que las razones de su fama son más hondas, más ciertas y más amplias de lo que regularmente se cuenta. Deben de ser las once de la noche cuando Luis, pianista y hierofante de la efusión, se levanta y despide de los cuatro, quizá seis parroquianos resueltos a aplaudir hasta el final —porque lo que es del bar El Chato, nadie que ose cantar sus veras ansias se irá sin ovaciones.

El micrófono yace solo sobre el piano. Casi todas las parejas se han ido cuando uno de los hombres, hace poco aún lacerado por los ardores de una furia soterrada, se abraza de su amante y hace suyo un silencio respondón: el de quien, al calor de unos versos venenosos, ha soltado uno a uno los sentires que noche tras noche encerró bajo llave.

> *En cofre de vulgar hipocresía*
> *ante la gente oculto mi derrota...*

Hay fantasmas en El Chato. Sus ecos nos recuerdan que el romance no es placidez, sino combate. Y que aquí, entre copas, canciones y amigos de inusual sinceridad, yace ese territorio de cruzada secreta donde dichoso habrá uno de morir por defender al sentimiento cierto de la rutina y su legión de fraudes.

Atáscate, robot

Nos conocimos en Las Veladoras. No era una mujer bella, ni repleta de gracia, pero había cohortes de moscones zumbando en torno suyo. Como el reflejo que huye del filo de un cuchillo, alguien dentro de aquel cuerpo gritaba, prendido del dintel de sus retinas tóxicas: *Fashion!* El pelo enlutecido, las botas relucientes de una dominatrix, los broches metálicos bajo un escote que anunciaba más delirios mortuorios que placeres vitales. Delirio: la mercancía de la mujer de Las Veladoras. No sé si fue por el caliente ambiente de la noche del sábado, por el asedio de un papanatas al que la mujer hizo rodar por las escaleras de un puntapié, o simplemente porque ella así lo había decidido, mas pasó que minutos después de conocernos escapamos en dirección a un reve. Quise decir: un *rave*.

Quienes asisten al *rave* entienden que de poco vale pensar en el mundo, el pasado, el porvenir. Pensar: el quehacer más inútil cuando se está en un *rave*. Al igual que en los pálidos setentas, cuando la *Fiebre* aún tronaba el fuete entre los siervos de la moda, los adictos al *rave* (se pronuncia *reiv*, cuidando que los incisivos superiores permanezcan un segundo de más acariciando el labio inferior, síntoma delator de que uno está en el ajo y de *raves* nadie le cuenta) son dichosos esclavos de su propia imagen. Para formar parte de un *rave* no basta con entrar, ni con bailar: es necesario hacerlo forma de vida, no perderse uno solo, envolverse cada fin de semana en la reglamentaria indumentaria y, aún más importante, *dejarse ir*. ¿Cómo se deja uno ir en el *rave*? La mujer de Las Veladoras me anunció, con los ojos flotando lejísimos de mí: *Aquí traigo con qué*.

Para arribar al *rave* debimos dar cuatro vueltas completas al Circuito Interior, hasta que finalmente la mujer pudo sincronizar su tránsito interno y tiró de las riendas: *¡Salte aquí!* Saltamos del caballo sintiéndonos Los Elegidos, con la entera ciudad dormida, aburrida o muerta. Debo decir, no obstante, que mi experiencia en *raves* era más bien funesta: cargado de ambiciones zoocioanalíticas, en una y otra ocasión habíame extraviado en brumas de amargura, mientras allá, a lo lejos, Luzbel y su refuego refulgían sin mí. Pero esa noche, la mujer del cabello ennegrecido consiguió persuadirme, con el solo destello de sus pupilas anchas, de hacer cuanto estuviera en mí por brincar hacia afuera del mundo y sumergirme ya no en la muchedumbre que abarrotaba el *rave*, ni en el escote que de por sí insinuaba precipicios recónditos como el llamado del Cthulhu, ni en las cavilaciones que a los neófitos, intimidados por la hiperactividad de los *ravers*, les da por practicar; debía, concretamente, hundir a mis sentidos en el más negro abismo submarino, que como consta a los intrépidos psicotrópicos duerme en el interior de uno mismo. A la entrada del *rave*, una señora rancia y malencarada me rasguñó la mano con todo y billete, y a cambio nos estampó un sello morado en las muñecas, mientras un *raver* con la entera facha de ser su hijito nos entregaba un par de anteojos de cartón, bajo cuyas micas de color rojo y verde nos transportaríamos a la dimensión de irrealidad donde frontón y jardín —escenarios del *rave*— se nos aparecerían como un set de *Blade Runner*.

La flama que arde dos veces dura la mitad del tiempo, sentenciaba el inventor de *replicantes* en la historia, mientras el último de los *blade runners* sucumbía lerdamente al hechizo de una mujer hechiza. *Quiero vivir y no puedo*, es la réplica del *replicante*, y la solución a tan dolorosa inquietud está ya en manos de los *ravers: Si hay más prisa que tiempo, vivamos rápido*. El *rave* no es reventón, ni baile inolvidable; el *rave* es un antídoto contra la memoria.

Luz, luz, más luz. El resplandor intermitente, apenas soportable para quien está terco en seguir pensando, va haciéndose caricia en los sentidos conforme uno accede a ver el mundo con los filtros precisos. Por eso la mujer y yo acudimos presurosos a la barra donde un solemne muñeco de aparador señala con el índice hacia el botecito donde ya se aglomeran sus propinas. No bien cedo a la quebradora moral del *Terminator de Tacubaya*, recibo en cada mano un *smart drink*, les doy el chupetón reglamentario para que no se derramen, siento el golpe macrobiótico y concluyo: *Entre más* smart *es el* drink, *más* asshole *se pone uno*. Pero quedamos en que no se valía pensar, de manera que cierro la superflua ventanilla de las reflexiones y me entrego a la intrincada labor de averiguar dónde quedó mi ninfa.

Con las gafas en la bolsa y los tragos en las manos, camino entre multitudes con los sesos ocupados en sus propias apariencias. O en sus propias expediciones, según la gravedad de cada caso. Es entonces que distingo a lo lejos, en mitad del frontón-pista-de-excesos, un cónclave de cuerpos, quietos en la visión de un acto espontáneo cual portada del *Vogue:* el vaquero espacial dispara su pistola de plástico fluorescente contra la mujer reptante, sonriente, plástica e impúdica cuya feminidad es seriamente cuestionada por la presencia de un hueso traidor que brota de su cuello: la *replicante* abandonó la fábrica con una puntiaguda manzana en la garganta, y uno asume que no se aceptan reclamaciones. La miro bailotear en torno al vaquero, sonrisa de poliéster en los labios, jalonarse a dos dedos el pelambre axilar, levantarse la falda color azul neón, como quien siembra dudas: *¡Adivinen qué soy!* Muy cerca, en derredor, otras mujeres bailan, sin dejar de monitorear sus movimientos, fabricando las muecas de quien, más que mirar, anhela ser mirado.

La mujer del escote llegó tarde, cuando ya el replicantinero habíame servido los tragos siete y ocho. Me miró, se sonrió entre divertida e indiferente y tomó el siete de mis falanges, mientras que mi otra mano sostenía sin convencimiento el ocho. Perro error: en los *raves* no sólo es perjudicial el pensamiento; también la indecisión. Cuando menos preví, la mujer reemplazó mi vaso con el suyo, y en ese pronto tránsito encargóse de que mi bebida *smart* recibiera el toque *crazy* que me integraría de lleno al *rave,* aun si tal adhesión suponía la desfachatada desconexión de un mundo exterior que minuto a minuto se convertiría en planeta distante, recuerdo en agonía, futuro descartable. *Tú con las gotitas tienes, yo traigo un papel adentro,* sentenció la mujer, haciendo a sus caderas oscilar a un ritmo que iría derritiendo las últimas aristas de la realidad. Unos metros más allá de nosotros, dos tipos solitarios se tendían en el pasto a contemplar el cielo en un silencio sólo roto por las escandalosas dimensiones de sus sonrisas, congeladas en un solo placer. Esa expresión, más la hipersensibilidad que hacía a cada cual acariciarse los propios brazos cual si fueran los muslos cremositos de Venus, delataba la presencia del gran abretesésamo de los últimos años: *ecstasy*.

No conseguí tachas pero… ¿vieras qué bien ponen esas gotitas?, me dice la mujer de los cabellos encendidos y los ojos de neón en cuanto me calzo de nuevo las gafas tridimensionales y tópome de frente con las mismas luces histericoloridas que ponían perfilocortante al astronauta de *2001* en su camino hacia Júpiter. Con los sentidos saturados de percusiones a cuyo galope no puedo sino unirme, despego del jardín de Tacubaya en dirección a esas luces que se multiplican como enemigos nintenderos. Igual que Supermario, paladeo la premura de quien llega a la última oportunidad, hinchado de adrenalina y dispuesto a viajar hacia los postreros confines del universo, aun si todo su mundo ha quedado encerrado en un monitor de veinte pulgadas.

Vieja fórmula: el espíritu capitula, los sentidos acuden al rescate. Cuando ya los naufragios se multiplican en el mundo real, la nave del guerrero lisérgico aluniza frente a las ventanas de la desesperanza y pone ante tus ojos la tentación de un delirio proscrito. Excederse, colmarse, saturarse: las fórmulas intrépidas de un suicidio con resurrección incluida. Vivir un *rave*, lanzarse al despeñadero emocional donde todas las sensaciones se acrisolan, editar en el cerebro un íntimo videoclip, es firmar un contrato cuya cláusula única reza: *Vivirás fast*. Con las venas convertidas en los pistones de una Katana 1100, el cerebro entrampado en un paisaje de Lovecraft y el cuerpo lleno de ecos que repiten *¡Ahora!*, el genuino *raver* —y cualquier fanático del *rave* haría cualquier cosa por aparecer genuino— vive cada instante como los mismos héroes del Nintendo: sin detenerse, a tope, libre ya del mañana. ¿Quién necesita una computadora para probar la realidad virtual?

(*Raver*: sujeto cuyo *hardware* experimenta con todos los *softwares*.)

Miro el reloj, dice "nueve veinticinco" y pienso "¡Ay, Dios, aún estoy vivo!", cantaba Bowie veinte años antes de que los *raves* tomaran el poder del reventón. Moda existencial y excesiva, el *rave* es un festín para sobrevivientes. Condones en los bolsillos, delusión en las meninges: el *raver* es la estrella del postholocausto. Si el mundo se termina mañana en la mañana, quienes venimos del *rave* podremos cuando menos decir que cobramos un último cheque: aquél que en un segundo nos dio la sensación de tres eternidades. Como el insondable mosaico de monitores cuyas imágenes danzan a espaldas de los locutores de la CNN, escupiendo toda la información que ningún cerebro puede procesar sin asomarse a las orillas de la locura, el *rave* avanza sin mejor destino que su solo instante, cundido de parpadeos cegadores y carcajadas metálicas que, pasada la noche, se perderán entre la turbamulta de un olvido analgésico.

¿Quieres una pastilla?, me pregunta la mujer de la lengua pastosa mientras un *raver* con aires de Mad Max, visiblemente agotado de tanto buscar cliente para su mercancía, me muestra sin esperanzas el mismo reloj marca Boy London que ya me ofreció en tres ocasiones, sólo que a un precio todavía menor. En ese momento se borra la imagen, y con ella se lleva casi a todas las demás en dirección de un limbo del cual jamás podré rescatarlas. A la mañana siguiente, cuando los circuitos de la memoria restablezcan una por una sus conexiones, advertiré que no sé cómo se llamaba la mujer, ni qué pasó con ese reloj, ni de qué era la pastilla que quién sabe si me tomé. Signos inobjetables de que la del último *rave* tendrá que haber sido lo que los anticuados llamarían *Una velada inolvidable*.

Amantes a la ambigua

Es otra vez de noche, mas las calles del Centro ya no son las de antes (cuando, apenas entrando a Madero, el sueño citadino ganaba letargo y los fantasmas iban por Bolívar como lloronas por su velorio). Bajo los arbotantes y las ventanas solitarias ronronean los motores, truenan los bocinazos. Los glamorosos van patrullando Madero, vuelven por Cinco de Mayo, se arremolinan en Filomeno Mata; y los fantasmas corren, se repliegan, ganan lugares lejos de los intrusos que departen y bailan entre sonidos *in*. Aunque todo lo *in* suele resultar, como el término bien lo señala, *in*ofensivo. Pero también *in*sípido, *in*fecundo, *in*sensible, *in*suficiente, *ina*petente, *in*grato, *in*soportable. Frente a un edén que tiende a uniformarse, lo único realmente *in* es permanecer *out:* resistir al rodar de los engranes, apostar el dinero a los cronopios, preferir al peligro sobre cualquier confort. Por eso los fantasmas, y los lunáticos que los siguen, aceleran hasta el Zócalo y despegan en busca de nubes menos blancas, donde ya no será difícil dar con fantasmas; buena parte de ellos encerrados en El Famoso 42.

Agazapado entre la noche espesa de la calle de Cuba, oscuro como las entrañas de un demonio pero resplandeciente como un putero en el Purgatorio, El Famoso 42 detenta una famita que da miedo. *¡Tanto mejor!*, dirán los candidatos al perol, que a la hora de visitar un nuevo tugurio sienten miedo, se arrugan, mas ni hablar de quebrarse. Tal vez por eso es que hoy, a medianoche de un desfogable viernes, cruzas la entrada del 42 con el gesto casual de un sicario sin quehacer. Pero un pobre matón asalariado —gente cuyo criterio es más bien estrecho— difícilmente llega a caber aquí, en el territorio gobernado por Mefisto donde muy poco de lo que se mira es cierto. Así pues te arrinconas, pisoteando el huarache, dos pasos más acá de la pequeña pista, en el rincón donde te imaginas que serás menos percibido por quienes se revientan sonora e impenitentemente frente a ti.

¿Cuánto tiempo conseguirás sobrevivir sin una dosequis bien frígida? ¿Quince, veinte minutos? ¿En el nombre de qué? Te levantas, con el pueblerino ánimo de no importunar a nadie, y caminas de frente hacia el corazón del antro: una ventana modesta y eficiente donde dos cantineros ofrecen las *lagers* a precios pecaminosamente bajos. Es entonces, por la intercesión del santísimo líquido, que El Famoso 42 comienza a ganar forma ante tus ojos: una cueva intimista, desinhibida, festiva, cochambrosa y majestuosamente cínica, digna de impresionar al más impávido, pero capaz de realmente asustar sólo a quienes se temen a sí mismos. Bastan veinte minutos y un par de cervezas para que el 42 cobre, a los ojos del profano, la estatura moral que distinguió a los grandes libertinos del siglo XVIII. El Divino Marqués habríase reventado a sus amplias anchas en el número 42 de la calle de Cuba.

Más allá de la barra, contiguo a la segunda pista de baile cuyos muros rebosan espejos para que nadie se pierda de nada, se oculta un salón breve y penumbroso donde varios fulanos miran inmóviles hacia arriba. Es un espacio hueco, sutilmente sórdido, iluminado apenas por un monitor donde por el momento no hay más imagen que un azul profundo, interrumpido por líneas horizontales que bajan sin concierto. ¿Qué hacen diez, quince extraños apoltronados frente a una televisión en la que nada pasa? Lo mismo que realizan, entre las sombras de un ocio mentiroso, los merodeadores clandestinos: nada y todo a la vez. Un circo de miradas huidizas corre por la habitación, contagiando al aire de una cierta siniestra electricidad. Casi colgado de la obesa cortina que funge como puerta, vigilas el semblante hipnotizado de aquellos que escudriñan el monitor donde nada sucede, todavía. Un golpe de abanico en la cabeza te devuelve a la realidad: *¡Abusado, papacito!*, susurra en tu oído izquierdo una mujer que no es mujer, pero qué ganas le echa...

Con una nueva chela entre los dedos, vuelves a la cortina desde donde miras a la pareja de mujeres honorarias que literalmente se arrastran sobre la pista, sin perder ritmo ni calor, alzándose la falda o quitándose la blusa, mordiéndose los labios o gritando el placer de un extravío largamente acariciado. Tras las mesas, sendas cofornicarias distribuyen caricias entre diversos hombres cuyas palmas voraces recorren pechos, caderas, piernas y entrepiernas. ¿Quiénes aquí nacieron con cuerpo de mujer? La ínfima minoría. Mas ello no es asunto que desvele a sus hombres: bugarrones de pura cepa, de esos que, juran las enteradas, *ya casi no hay*. Aún intimidado por la paradoja de ser f>fuereño en este rebaño, experimentas un cierto alivio cuando descubres que en el cuarto oscuro hay grandes lugares vacíos y en el monitor danzan imágenes familiares: una mujer orgullosamente putísima es tundida, succionada y embestida por dos garañones impertinentes. Entras, te tumbas en un hueco lo suficientemente amplio para considerarte solo y clavas la mirada en la pantalla. Es quizás por ello, aunque también podría ser por el sutil sobresalto que te subyace —nada menos que el proverbial *freak:* música para los tímpanos del intrépido nocturno— que te pasa de noche la presencia de un nuevo fantasma, de no más de 1.30 de estatura, que ha acudido hasta ti con vestido, pulseras y fleco para solicitarte, con la circunspección y el decoro de una damisela: *¿Me das una mamadita de tu cerveza?*

Pocos momentos hay tan gratificantes para el extranjero como cuando es sorprendido por la hospitalidad de los lugareños. En contraste con ciertas *boîtes* recalcitrantes, donde al extraño se le trata como a un apestado, los asiduos al 42 apenas se preocupan por el currículum del visitante. Ciudadanas de un carnaval por naturaleza indiscriminante, las reinas de esta corte adoptan prontamente al forastero, prodigándole la amistosa indiferencia que le permitirá transitar sin complejos por pistas, corredores, mesas y tumultos, dueño de un desparpajo a prueba de granujas. Una pareja de forajidas sexuales, orgullosas de su osadía y enamoradas de su ambigüedad, se te acercan con el sano propósito de cabulearte. De pie, con las piernas abiertas, se acomodan los escotes, te escudriñan, te apuntan. Una de ellas —cabello rubio, maquillaje abundante, mueca sicalíptica recién adoptada para tu mayor incomodidad— sin dejar de mirarte señala hacia su compañera y subraya: *¡Él!* La otra —morena, de facciones angulosas y ojos negros enterrados bajo un bosque de cejas— te señala de pronto, hace avanzar el índice hasta casi tocar tu nariz y dispara: *¡Ella!*

El del 42 es un interminable juego de caretas. Perseguidoras infatigables de la belleza, con los dos pies trepados en los tacones próximos de una feminidad que se desborda entre los encajes más impredecibles del mundo, las forajidas sexuales no desean abandonar por completo una condición biológica que entre hormonas y prótesis no han terminado de desbaratar. Por el contrario, es la línea intermedia, que les permite jugar con uno y otro papel, donde con mayor gallardía caminan, riéndose a carcajadas de quienes nos ponemos el uniforme para jugar en un solo equipo. A sus ojos, los *normales* pertenecen a una especie infradesarrollada, diríase pleistocénica, detenida en la última orilla de la sobrevivencia. Veteranas de una guerra emprendida en el nombre de la más alta de las rebeliones —la que osa inconformarse con la propia identidad—, las forajidas sexuales aterrizan en el 42 no tanto para ligar o bailar, como para *ser:* legítimo derecho combatido por una sociedad tan rígida que hasta sus sodomitas deben comportarse como machos, mientras los que se dicen *duros* llevan huellas de tráfico pesado en contraflujo. ¿No es por lo menos revelador que sean ellas, las sexiforajidas despreciadas por Sicos y Troyanos, quienes tengan de su lado la lucidez sarcástica que a los bragados sígueles faltando? De las bocinas sopla brisa caliente:

un tropicoro embarra hasta el frenesí *perdí a mi novia por el cucu.*

Tercera llamada, ruge un animador invisible y la concurrencia se agolpa en torno a la pista para sacarle jugo al primer acto, un risueño coito entre cuatro participantes ansiosos: la mujer, bajita y piernuda, entrona como la que más, y sus compinches, un terceto de garañones audaces con muy flacos pudores en la sesera. Empujada, turnada, oprimida, invadida y aún plena de vigor para torcer las manos y pintarle sus *mocos* a los entrometidos, la chaparrita se da tiempo para repartir condones entre los protagonistas del agasajo, mientras la bola de mirones brinca y vocifera y aúlla como todos alguna vez lo hicimos en torno a una piñata. Cautivo de la magia del momento, prendido de un cosmopolitismo que te hizo sentir El Más Civilizado de Este Pinche Pueblo, notas que descuidaste un aspecto fundamental: la retaguardia. Vencido y rebasado por el reventón, te alejas prudentemente del tumulto entre cuyas mareas una mano abusiva pretendió apoderarse del sitio donde ciertas espaldas olvidan la honra en nombre del billete. Mas allá de la pista repleta de sudores, humores y retinas, entre las mesas a medio vaciar, parejas y tercetos de amantes inminentes se aplican a lo suyo, improvisando fugaces audacias y, cuando la ocasión les es propicia, manoseando juguetonamente a los permisivos edecanes del antro, vestidos con los pantaloncillos cortos de rigor. Al fondo, rostros esquivos de ojos pegajosos entran y salen del cuarto oscuro donde las proyecciones han subido de tono: en lugar de la diva de los dos garañones, aparece uno solo, rodeado por mujeres a las que sólo sobra un aditamento para ser intachables. Mas entre las alegres brumas del 42, ser *intachable* significa quedar fuera de la fiesta. Y eso ni quien lo quiera. *No llegué por guapa, ni por bonita... ¡Yo estoy aquí por chingona!*, estalla el vozarrón de una sexiforajida rica en experiencia, cuyo señorial porte la delata como Suma Soberana del Leonero. Con el micro en una mano y la tella en la otra, el matriarca empina el vidrio en los labios de uno y otro parroquiano; así recorre la pista y, cuando el tequila se agota, introduce a su público el espectáculo de una mujer que al cantar se deshará del más remoto signo de hombría, para soltar de su no tan ronca entraña toda la emoción contenida que algunos de los presentes requieren como un suero. Minutos más tarde, aparece una nueva cantante, ataviada del peinado a los zapatos como Raquel Olmedo y ensalzada por su presentadora con uno de sus adjetivos fundamentales: *ta-len-to-sa*. Si en otros sitios no hay virtudes más altas que la fanfarronería y el sonoro desplante, aquí lo que se paga es el talento.

No bien el espectáculo termina, el personal se renueva. Los que se van se entremezclan con las que llegan, de modo que en cuestión de media hora el 42 se atiborra de ambiguas amazonas, algunas de notorio pelo en pechos, que se saludan, se abanican, se carcajean. Es la hora pesada del local, cuando los ánimos están más exaltados y los pocos tabúes que restaban se van por el drenaje del que nunca debieron salir. Como en esas fiestas que nacen de un fin de fiesta, las forajidas sexuales se sueltan el chongo, dispuestas a cazar de una buena vez a ese soñado bugarrón, mítico *Mister Goodbar* que baje de los cielos para colmar las ansias que otros han preferido conservar ocultas, temerosos de un *qué dirán* hace tiempo borrado de estos muros.

(Atrás, al fondo del cuarto oscuro, las miradas se clavan en la pantalla donde los garañones no descansan, especialmente aquellos que fueron seleccionados por el director para desempeñar los estelares femeninos. Cuando tu ingenuidad es vencida por la visión de una *pornoqueen* que trae entre manos una cosa similar a la que trae entre piernas, el canijo *freak* regresa fortalecido, para hacer que tus ojos huyan de la pantalla… y entonces descubran, aquí a un ladito, casi al alcance de tu mano izquierda, a un arrodillado bugarrón que ya está dándole tremenda tanda de frentazos en el ombligo a una mujer virtual que lo toma del cuello y reconoce: *¡Ay, mamacita!*)

Cuenta la fama del 42 que hace unos años, cuando la talentosa Luzbelia todavía no daba el golpe de estadazo, un cartel advertía: *Prohibida la entrada a mujeres y vestidas.* Hoy, el medioevo se ha marchado de las calles de Cuba, con todo y los conservadores que lo acompañaban. De ahí que, cada una de las noches de la semana, sus lóbregas aceras sean tomadas por ángeles maléficos amantes del escándalo, la estridencia, la insurrección y el desfiguro. Cuando finalmente sales del 42, en la creencia de que ya viste todo lo que un profano podía ver, e incluso un poco más, te sacudes el *freak* compartiendo la desazón de los abuelos: *Estas chicas de hoy…*

Las Soberanas Lenguas
y el Colmillo Imperial

Ha quedado disuelto entre la bruma del olvido ese instante maldito en el que las instituciones proveedoras de parranda derogaron, a golpe de metralla y fuego amigo, el sagrado derecho a comunicarnos verbalmente con nuestros cómplices de trasnochamiento. Sí, señoras y señoritas: la modernidad trajo un festín tecnológico que permitió preñar de luz y estridencia el entendimiento de sus huéspedes, pero con ello también contribuyó al progresivo anquilosamiento de la lengua, un músculo que, para trabajar, precisa de las acrobacias de la imaginación, el ensanchamiento del espíritu y los acelerones del deseo. Si bien la desbordada saturación de los sentidos —fórmula inhibidora del pudor, ungüento contra los ardores del recuerdo— exige una cierta dosis de no-pensamiento, ello jamás tendría que ser pretexto para que uno prescinda de las palabras, y deje así a la lengua en triste invalidez. Las palabras: alcahuetas carísimas que nos conducen de las argucias a las caricias y del reventón al aventón.

Quien sabe mover la lengua lo sabe casi todo en el Bombay: antro exótico pleno de personalidad, turbiamente atrayente, sórdido y misterioso como su mismo nombre, rumbero, cumplidor y más que eso: poblado de experiencia. En pocos agujeros se respira la latitudinal sabiduría que aquí mana de las paredes mismas —lo cual explica el insistente desprendimiento del papel tapiz, que como los delirios de los perdedores tiene la textura pringosa y el color dorado—, corre por el piso y asciende por el aire pesado, hipnótico, mojado en una ola de desesperanza que arroja a sus cautivos hacia la pista plena de percusiones, arrimones, caderazos, raspes y otros vestigios de ansias insepultas. A la entrada, cuidando la cortina que los bravos apartan chocando las espuelas, un hombre colmilludo y adhesivo exige al visitante su óbolo voluntario y uno, que no desea ingresar al Bombay entre obtusos conflictos migratorios, se cae con la moneda carismática y penetra, paladeando en silencio la certidumbre del recelo ajeno.

No pertenezco al Bombay, pero tampoco soy el primero de sus forasteros. Conducido por un mesero cuyos finos modales deberían tenerlo en el Maxim's, templado por los tersos elíxires de piñón con canela que hace un rato empinéme en alguna pulcata vecina, camino entre conversaciones largas, puede que circulares, cuyos protagonistas se reparten el lujo de hallarse más allá de la mesura. Reinas ricas en praxis, con los miembros y glándulas debidamente acuartelados y listos para la acción; reinas que no se rajan. Mi solidario amigo, que tampoco se ha rajado para empujarse un litro de *curado de piñón* y llegarle a lo macho al Bombay, se deja caer en uno de los largos sillones tapizados en plástico carmesí, pide un tequila *straight* y se burla en silencio de la cerveza que el mesero, con sonrisita de *socialité*, promete conseguirme. ¿Quiénes somos? ¿De dónde venimos? ¿Hay alguien a quien chingaos le importe? La indiferencia de nuestros vecinos de mesa me permite asumir la nula relevancia de nuestra extranjería. Puesto de otra manera: hemos sido adoptados por el Bombay.

Es difícil averiguar los motivos por los cuales determinados tugurios contraen el mal de la hojarasca: de una noche a otra se atascan de fuereños desdeñosos y snobs que acuden al llamado de una súbita moda. El Bar León y el King Kong fueron, en su momento, imanes para falsos aventureros empeñados en adquirir a cualquier precio una fugaz probada de arrabal, como quien compra una condecoración de guerra. Al Bombay no le ha sucedido esa desgracia: su carácter rejego, su regia decadencia, sus soberanas vivas, su permanente ardor, lo hacen apenas menos que impermeable a las especies presas de las apariencias y huidizas de los veros demonios. Quien crea en la perdición como la diosa maligna que nos hace rodar por un resbaloso abismo hasta sumergirnos en una mar de fango moral, no se acerque al Bombay, so pena de que tan románticas visiones se derrumben irreparablemente. La perdición no es el oscuro despeñadero, sino el ancho pasillo entre cuyas rojizas medialuces uno se acurruca, se acomoda, se acostumbra. Y baila, y habla, y trepa al Cielo por ignotos atajos, sólo para volver hasta el Infierno con nuevos besos sobre la piel del alma.

Yo no soy de las que hablan mucho, así que mejor hazme una plática bonita, me pide Guille, rauda rubia de sonrisilla pronta y manos cariñosas que se arrimó a la mesa con la iniciativa de un empresario vigoroso y la sapiencia de una pelvis a sueldo. De vestir más discreto que la mayor parte de sus compañeras, Guille conoce los alcances de una madurez que con seguridad ha pagado a precio de platino. Mientras otras mancebas, de corta edad y larga foja de servicios, solivantan a golpes de tersura los ímpetus selváticos de cuanto veterano atraviesa por su campo de atracción, esta mujer se ha posesionado de su amigo y humilde narrador con el colmillo de quien se sabe acaudalada en años y experiencia, y por lo tanto dueña de un glamour que sus colegas jóvenes no saben disputarle. Guille —delgada, de modales apenas afectados, sonriente como un margarita y femenina como una media de seda— se parece más a una madre de familia de clase media que al resto de las soberanas que dan lo más sinuoso de sí mismas en la pista y las mesas del Bombay. Por eso, cuando hablamos de sus mañanas, no me sorprende toparme con la fascinación de lo que un moralista llamaría *doble vida:* de día, mi compañera de baile —ya llevamos tres piezas— consagra sus esfuerzos a las labores del hogar, el cuidado de la belleza y la atención a sus hijitos; cuando la noche cae, escoltada por esos bienaventurados súcubos que no quieren dejarnos caer en la ruina de una normalidad perfecta, Guille acude al Bombay puesta para bailar, conversar, acariciar y ser acariciada. A Guille muchos hombres le hacen compañía; ninguno la gobierna.

Fajosas por definición, oficio y afición, las reinas del Bombay dan cabida entre sus hospitalarios brazos a un verdadero regimiento de tipos que, por regla general, han salido de los casinos de la vida con más pérdidas que réditos. Ansiosos de obtener el justo reintegro por tanto apostar a las cartas perdidas, los dados marcados y los caballos artríticos, estos hombres amacizan velozmente a su pareja y se entregan al rito de girar en compañía, bajo el tenaz mandato de una orquesta breve pero ponedora, experta en calentar no únicamente los ánimos de la pequeña muchedumbre que visita la pista con insistencia. El Bombay —tugurio de muy breves dimensiones, cálido como un beso maternal, movido como un culo cumbiambero, modesto como un saco de terlenka— no es un sitio para perderse, sino para tratar de recuperar las últimas migajas del bizcocho perdido. Al otro lado de la pista, sentado ante a una mesa con su correspondiente vidrio al centro, un hombre de cabeza calva, dentadura escasa, vientre amplio y camisa desfajada, invade con los ojos, las palmas y el aliento los enormes, capitulantes senos de su acompañante, que lo escucha sonriente, sabihonda, intensamente sucia.

¿Qué sería de este desplumadero, y de otros cuyo recio carácter los hace imprescindibles, sin los atléticos quehaceres de la lengua, músculo halagador por excelencia? La desdicha, el olvido, la extinción. Se equivoca como una virgen de treinta años quien suponga que los asiduos al Bombay buscan entre sus muros la sola satisfacción del apetito sensual. Más allá del raspado y el rico fajecín, lejos incluso de esos bailes embriagadoramente cíclicos de a moneda por pieza, está el deliquio de una seducción que no por más pactada es menos fascinante. Palabras lindas, resbalosas, insinuantes, cínicas, enmieladas, frescas, pecaminosas, tiernas, grasientas, viejas, altisonantes, mordisqueadas, húmedas, perplejas. Todas valen, todas reverberan, todas conducen al túnel del más hondo de todos los idilios: aquel que uno sostiene con *su* noche. Cautivo de la misma luna que saca de sus cuevas a lobos y coyotes, atino a oír los ecos de una voz que sugiere: *¿Bailamos otra… mi amor?*

Es el baile una de las materias que con mayor fortuna se imparten en la Meretricia Universidad Bombay, pero la formación de los egresados incluye los conocimientos suficientes para defenderse de afecciones tan severas como la timidez, el abandono, la pobreza espiritual y las cobardías de toda ralea. Por eso quienes aquí bailan lo hacen tras la huella de un mismo vértigo, aun a sabiendas de que al final de la noche no quedará sino la punzante añoranza de quien reinventó al mundo en compañía de una botella, dos vasos y una desconocida sedienta de quimera. Bailar, cachondear, ficcionar: antiguas y eficaces maneras de cumplir con la obligación ancestral de llevar piedras a la montaña.

Ficción, sí, pero ficción honesta. Con estas señoritas se firman pactos similares al establecido entre novelista y lector: lo de menos es la verdad de las palabras, lo que vale es el fuego que las detona. Y cuando las palabras consiguen esconder las ansias locas, es el cuerpo quien solo las delata, por medio de un lenguaje todavía más sincero, agresivo y terminante, pues quien ha resistido en apariencia los embates de un florecido castellano que es puro ablandamiento de artillería, tendrá que sucumbir ante a la catapulta de una caricia bien sincronizada. ¿Dinero? Para ese villano jamás habrá puertas cerradas: igual se entromete en las familias que en los idilios, que en las ficciones, si bien justo es decir que aquí lo hace sin subterfugios de por medio: tantas piezas, tantos pesos. Aunque más adentro, en las conversaciones y los roces casi casuales, ocurre un juego que no tiene precio, y del cual se retornará como se vuelve de toda ficción: con la áspera conciencia de las alas y cuernos que

Albuquerque/Bernalillo County Library

Customer ID: **********8392

Title: Luna llena en las rocas : crnicas de antronautas y licntropos / Xavier Velasco.
ID: 39075033017267
Due: 11-13-15

Title: Lo que no te mata te hace mas fuerte [Spanish language] / David Lagercrantz.
ID: 39075051577028
Due: 11-13-15

Total items: 2
10/23/2015 11:43 AM
Checked out: 2
Overdue: 0
Hold requests: 0
Ready for pickup: 0

Thank you for using the Los Griegos Library
http://library.cabq.gov

nos llevan a ser la porquería que somos, a despecho de nuestros edificantes propósitos.

Para ciertos noctámbulos conservadores, el Bombay es un club de *rompe y rasga:* categoría interesante, pero inexacta. A menos que creamos que lo rompible y lo rasgable no es la integridad física, ni tampoco la propia vestimenta, sino quizá los prejuicios amargos, la soledad perpetua y el terror a la vida en su estado más puro. ¿Un lugar crudo? Más crudos hemos estado todos, y ni quién nos volviera la espalda por ello. ¿Decadencia? Mal puede creerse que una mujer y un hombre que bailan diez o veinte o treinta piezas juntos están decayendo. Infatigable, Guille deja correr su palma izquierda por mi muslo derecho. Lo cual, de acuerdo al lenguaje corporal que maneja con fluidez de lugareña, quiere decir que es hora de volver al baile. (Con un giro de testa, mi solidario amigo sugiéreme la urgencia de escapar a galope, pero me basta un gesto para gritar: *¡No mames!)* Tomo a Guille discretamente de la mano, cruzo a su lado las mesas que nos separan de la pista y me sumerjo en ese oleaje de cuerpos impúdicos, manos hambrientas y cabezas flotantes donde la vida no es sino un escape hacia la luna, un salto en altamar, una rosa entre los colmillos de una reina.

La noche del cheque fresco

El año tiene veinticuatro horas mágicas: una por cada quincena. Entre las seis y las siete, entre Judas y San Pablo, entre el deber y el beber, quien abandona la oficina con los bolsillos bien cargados de pachocha vive uno de esos momentos claves de la existencia: cuando el mundo nos brinda la oportunidad de demostrar que somos gente madura, y pasa que nos damos el gustazo de contradecirlo. Es la hora de la fiesta. Que se aguanten los parientes, que me esperen las tarjetas, que les reboten mis cheques: yo me voy a reventar.

No hay bar quincenero donde no abunden las historias, casi todas clandestinas, de esos encuentros breves mas jugosos en los que el contratista y la ingeniero saldan sus deudas con el destino por intermedio de unas ansias que debieron sobrevivir, a lo largo de sabrá el reloj checador cuántas estúpidas horas hábiles, imaginando el curso de esa *Hora Feliz* en la que ambos paladearán las pócimas de la riqueza y la ricura. De algún indescifrable modo, los afectos al bar quincenero son de naturaleza reincidente. De ahí que juntos —novios y borrachos, golfos y cornudos, burócratas y vendedores de enciclopedias— formen una sola familia de solitarios que, cuando pueden, comparten por unas horas el quimérico espacio de lo que pudo haber sido.

Si sólo te hubiera conocido antes, susurra el galán quincenero frente a los labios palpitantes de una mujer cuya sonrisa burlona delata que ya se sabe la historia y por cierto: le encanta el clímax. Fugitivos de alguna circunspecta corporación, beneficiarios de la penumbra rojiza que disimula los defectos y estimula las hormonas, los amantes observan sólo de soslayo a los otros: los que se miran, o se saludan, o se critican porque se reconocen gallinas de un mismo corral. Compañeros de oficina o habituales vecinos de beodez, los asiduos del Barón Rojo se distinguen por su dominio de la geografía humana: saben a qué hora llega cada uno, quiénes son las nuevas o viejas amantes de quiénes y cuáles son las señoras que se ponen más cachumbias cuando el hombre del Yamaha melódico anuncia que se dispone a despedazarlas *con un tema de la inspiración del maestro Arjona.*

Algunos caen en punto de las seis, y hay libertos arrancan desde la comida, pero los más se anuncian por ahí de las siete, cuando los de uniforme pagan sus culpas en los cruceros y las amas de casa se preguntan si cenarán solas. Todavía tensos, acaso nostálgicos de la jerarquía que los protegió durante toda la jornada, los reventados quinceneros comienzan conservando distancias y respetos. Pero ahí están los *drinks:* duendes embaucadores que harán del licenciado el amigo, el compadre, el carnal. Al calor de esas beberecuas oscurantistas tras las que se camuflan auténticos prodigios de la química vitivinícola, los reventados quinceneros van alistándose para decir sus verdades, corear sus canciones y si se puede, por qué no, lanzarle la jauría a la recepcionista que como que hoy quiere comer picoso.

Pocas fiestas pueden jactarse de las ventajas de un bar quincenero. Mientras los ágapes ordinarios exigen de los invitados una cierta atención a las formas, tanto como gozar o presumir de alguna equivalente posición social, el Barón Rojo no le hace mala cara a nadie. En cuanto a las formalidades, mal puede uno preocuparse del veredicto de rotas y descosidos afines, quienes tampoco se hallan en posición de juzgar, toda vez que los reventados quinceneros, vengan de donde vengan, están todos igual: donde no deben, con quien no deben y quemándose el *cash* que, *mierda*, sí que deben. Esta noche de quincena, huérfana de luna y a mitad de la semana, no goza el Barón Rojo del favor de las muchedumbres, pero vale decir que reina entre sus mesas una camaradería sonora y ascendente. Son las siete y media, los meseros se mueven como *pacmen*, el organista cambia de partitura y anuncia un gancho al hígado de todo borrachote vergonzante: *El pecador*. Micrófono en mano, su pareja —cantante aficionado, traje de tres piezas, experiencia en el arte de cabulearse a la clientela— se acerca a la partitura y lee, resuelto a metamorfosearse a lo largo de la canción y acabar suplicando entre sollozos: *pero a ella… no la dejes sufrir*. Aunque no es el cantante, sino mi vecino de la derecha, quien trae unas ganas de chillar marca Devaluación + Deuda + Despido. Pero ya se controla, se repone, se empuja un fogonazo, se alza para llamar al mesero por su nombre y pedirle un repuesto.

En épocas de crisis, las noches de quincena son particularmente pintorescas. Ocurre que la sed de placeres se hace una con la ausencia de dineros, y de tan relajante coctel nace una efervescencia donde alcoholes, lujurias, escapes, rencores, urgencias y apapachos se entremezclan al fondo de un mismo carnaval. El mundo podrá estar cayéndose, pero *acá dentro* seguimos de fiesta: los que ladran al paso de las primeras piernas, los que aúllan al vuelo de la última canción, los que habrán de gruñir a la sombra de una cuenta siempre más grande que los buenos propósitos que los trajeron: *Nomás una por no dejar y me voy pa la casa, que me están esperando.* Tipos a solas con su alma, o a solas con otros tipos, festejando su soledad con esa expresión de al-finque-ni-quería que, creen, los salvará de caer en el superpoblado limbo de los rogones. Pero ya lo sabemos: si no fueran rogones, no estarían solos. Por algo gritan, cada vez que el Yamaha Man y su cantante callan, el título de aquella espinosa canción que dioles a probar el vino de la ilusión y la hiel del desconsuelo.

Con pareja o sin ella, los fiesteros quinceneros nunca están a la moda. Ni falta que les hace. En el Barón Rojo la vigencia es igual a la memoria fotográfica del cantante que ha sabido moverse igual que Palito Ortega, o que ha puesto la voz temblona en el momento justo en que Johnny Dínamo hacía lo propio para decir que *algo de verdad* guardó en su corazón. No hay, entre los nostálgicos, más ni mayor vigencia que la sintonía. El bar quincenero, santuario de horas memorables y quereres imposibles, abunda en sintonías anacrónicas, acaso porque es justo en el recuerdo —maleable y maquillable— donde respiran las quimeras veras, cuyos rostros se transfiguran día con día hasta hacer suya la hermosura inmarcesible de lo que alguna vez soñamos que era el amor. Quise decir, *salud*.

No hay cantante más cálido que el de un bar quincenero. Acostumbrado a vacilar con los gritones, que rara vez son pocos, el del micrófono los conoce cual médico de cabecera. Sabe cómo contarles los chistes, quiénes tienen mejor uva, qué canciones les prenden las hormonas y cuáles los pondrán a moquear sin más trámites. Y siempre como ellos, antes que ellos, más que ellos, cumple con el sacramento bohemio de entrarle al trago con las tres virtudes teologales, pero ninguna de las cardinales. Sus canciones, casi siempre provenientes de aquellas olvidadas edades geológicas en las que el hombre aún no servía ni para pisar la luna, atesoran un léxico fatalmente caduco, como quien cuida de la ordinariez a sus más delicados candores.

A las ocho y media el Barón Rojo es una cofradía. Propios y extraños se han integrado en forma tal que ya no es posible saber quién es nuevo, quién tímido, quién mañoso, quién mustio. No será, ciertamente, la única velada de la semana en que estos tarambanas acudan al Barón con el sano propósito de rebanarle un trozo de carne a la costumbre, pero no hay noche igual a la del fajo en la bolsa y el faje a la vista. ¿Qué miseria tolera el efecto benigno de tales analgésicos? *¡Servicio, por favor!*

A ninguna mujer le atrae compartir mesa, palabras y alcoholes con un pobre diablo, pero es mejor eso que soportar a un diablo pobre. Tal vez por ello es que los corazones palpitan mejor en la noche del día quince. Si los billetes son tan eficaces para lubricar simples atolladeros legales, imaginemos lo que harán por los pistones cardíacos de una pareja ganosa. ¿Cuántos deberán decirse adiós apenas den las nueve? ¿Quiénes conseguirán huir del

Barón Rojo hacia las dulces sábanas del único edificio donde los hombres comprometidos registran sus proezas con el nombre de su compadre? ¿No es cierto que detrás de cada barón hay un plebeyo en potencia?

¿Cuáles serán los reventados que aguanten el paso hasta que les cierren el changarro? El cantante, el tecladista y el mesero, especie de Trinidad Satánica maldecida por chicas buenas y no tan buenas de toda la ciudad, saben bien de qué lado masca cada iguana, igual que esos coyotes solitarios que vienen y beben y callan y observan y sonríen si aciertan un pronóstico. *¿Ya ves, mi buen? ¿No te dije que la ñora del flequito se iba a ir con el primer güey que le pagara la cuenta?* La noche quincenera tiene premio para todos, en la medida que los aspirantes sepan dosificar sus exigencias, pues ya se sabe que *el que escoge no coge.* ¿Qué más da ser media sucia, si acá está tu pie podrido?

No ha sido Snoopy el primer personaje público en maldecir al Barón Rojo. Muchos de los aquí presentes, que entre risas y trastabilleos van abandonando las mesas, se han cansado de proferir las peores blasfemias contra el dichosamente célebre piloto teutón. Pero mañana, o a más tardar pasado estarán aquí, listos para arrasar con cacahuates y nachos en compañía de la familia laboral, que en estas cosas cumple. No será como ahora, porque ninguna noche se parece a la quincenera, pero el *Red Baron* los recibirá con indiscriminante cariño, el cantante se discutirá otra vez con la imitación de Elvis y el mesero hará cuantos malabares sean precisos para contrarrestar el terco rebote de las tarjetas de crédito. Comenzarán entonces a acumular las ganas, a afilar las coartadas, a relamerse los bigotes porque faltan diez, ocho, cinco, dos días para la quincena, *y me sigues debiendo aquel pastelito.*

Huachinango a la vista

Traes el tanque repleto en la noche de un sábado apenas brioso. Has cargado gasolina en la estación de Insurgentes y Sullivan, donde le compraste un peine a Rosa: mujer estrafalaria cuya extensa experiencia nocturna le otorga credenciales de vidente. Dice Rosa que todos andamos mal, y como quien mal anda mal acaba, despegas de una vez hacia la colonia de los Doctores. Buscas a los malos y ya sabes dónde hallarlos.

Estacionas el cuaco recién bañado frente al Montecarlo y al portero le da por asumir que esta noche te sobran los billetes. ¡*Pobre!*, piensas, con la autoridad que te confiere ser el jodido primigenio de esta historia. Pero el portero se ha tragado el cuento de la nave *sport* y eso es lo único que cuenta. Si el Montecarlo funciona como los demás antros de su raza, esta noche serás atendido tal cual le corresponde a un padrotón. Vale decir, un *malo*.

El mesero acude presuroso, como queriendo adivinar si lo tuyo es el whisky, el cognac o el Grand Marnier. De modo que, para ir poniendo puntos sobre íes, le pides una proletaria chela. En lugares como éste, donde los *drinks* nunca están libres de sospecha y las pupilas de Valeria Mesalina persiguen sin descanso a los sedientos, traer la honesta lager en la mano es una buena forma de cuidar tres bienes preciosos: la cartera, el hígado, el espacio vital. Crees, en suma, que la cerveza servirá para mantenerte solo en tu trinchera, por lo menos mientras suena la hora de asistir al cacareado segundo show. Ignoras, en tu vanidad de hombre solo, que para cuando recibas en tu mesa la primera botella tu expediente ya será parte de los archivos secretos del Club Montecarlo: te habrán clasificado y cotizado, estarás en su mira.

No importa dónde ni cómo estemos, quienes hemos llegado a un antro solos quedamos a merced de los demonios del romance. Creemos, porque así lo requerimos, que todo encuentro sensual será consecuencia de nuestros innatos encantos, o de una sonrisa oportuna, o del azar objetivo, pero nunca de los dineros que aparentamos cargar. Si a una mujer, así tenga un cheque con tu firma en sus manitas, se le ocurre decirte que no hay en el mundo más hombre que tú, jamás te pasará por la cabeza que es una mentirosa. La medianoche ha muerto y estás indefenso: como los otros quince, veinte noctívagos que habitan las escasas mesas ocupadas, creerás de corazón todo cuanto tus ojos miren, y si el coco se pone impertinente lo meterás al aro con otro trago. La marca es lo de menos. Cuando hay sed de romance, cualquier chela es *champagne*.

De vez en vez, la banda de Los Elegantes envía saludos a las trabajadoras de mesa y pista. Son pocas, pero casi todas están ocupadas, danzando bajo el yugo machacón de un éxito grupero, atendiendo al relato concéntrico de un locuaz solitario, lanzando nuevos guiños al mesero, agradeciendo las dedicatorias. Con sus sacos de colorines marca *¡Aquí estoy!*, más la sabiduría chévere que sólo se consigue a puro desvelón y el *chic* indiscutible que da el diario trato con mujeres veloces, Los Elegantes agasajan a sus clientes y compañeros a precios incapaces de arruinar a nadie, *y ahí está la lista para que escoja la que le guste.* Pero *la que te gusta* ya está en junta: rodeada de borrachos que festejan sin freno su presencia, una mujer cuya falta de recato se compensa con su abundancia de protuberancias alza su copa y eleva una carcajada que coincide con el cambio del paisaje... Los Elegantes saludan la presencia de Fiamma —musa primera del espectáculo que a diario se repite por triplicado— y ceden el micrófono a una cronista oculta cuyos comentarios crudos, callejeros, aceitosos, obscenos, darán al escenario y a la noche un toque de intimidad lúgubre y cochinona.

Fiamma es pequeña de estatura y tierna de facciones. Su imagen, a unos metros de distancia, semeja la de una niña que trepa lenta, tímidamente, los primeros peldaños de la pubertad. Fiamma baila, gira y se estira con un porte ya mero angelical. Bastaría un poker de tequilas para ver en sus ojos a la Brooke Shields de *Pretty Baby*, pero en un instante, al comienzo de la segunda canción, Fiamma saca los colmillos para que observes en todo su cuerpo la transfiguración de Linda Blair recién posesa. Con la cabeza recargada en una columna tapizada de espejos, Fiamma monta en escena la capitulación de unas bragas que bajan despaciosas por sus muslos cortos pero bien comidos. Cabello largo fluyendo por la espalda, ojos que miran hacia dentro y la expresión de quien ya sabe cómo alcanzar el olvido de sí misma: Fiamma camina desnuda por la orilla del escenario, hace un alto frente a cada mesa, rota sobre su eje y se va yendo hacia el rincón oscuro donde unas manos ágiles la cubrirán de blanco y la dejarán ir, como a un fantasma.

La Güera, que es como llaman Los Elegantes a una mujer cuyo nombre náhuatl olvidarás pronto, ataca la pista con el artilleo de una osamenta que vibra sin descanso y la pólvora de una sonrisa puesta y dispuesta para el despapaye puro y redentor. Temblando cual *foie gras* con hambre de mordidas y sonriendo como una madonna descarriada, la Güera se ha lanzado a ganar entre los desvelados. Para su piel correosa, que con ropa o sin ella es toda carnaval, el Señor Morbo no es un gato vergonzante agazapado en la penumbra sino lo contrario: una ruidosa guacamaya que abre sus colores al sol para que sean mirados. *Y ahora, como ustedes la querían ver: ¡Al natural!*, susurra la cronista desde algún hueco invisible mientras la Güera, ya en confianza, se deja encuerar por dos de los inquilinos de la mesa que hace cinco minutos abandonó. *¡Y ahora vienen los pelos!*, se adelanta la voz de la anónima animadora. Sin perder un milímetro de su sonrisa, la Güera embarra sus haberes en las retinas de cualquiera que la favorece con la baba o el aplauso. Y así se va: sonriendo por los gritos y susurros, por los ojos y labios, por arriba, por abajo, por donde a usted le guste.

En cuanto ves a la tercera estrella sabes que, como tantos *malos*, vas ganando: la chica de la carcajada está sola en el escenario, mirándote, cubierta por un vestido espejeado que muy pronto caerá. Leíste bien, la mujer ha posado sus ojos en ti, y es más: se mordisquea los labios, se toca las caderas, se magulla unos senos *anything but small*. A partir de aquí actuará sólo para ti. En lo profundo de tu exaltado ego, así lo quieres y así lo crees. Abril, se nombra esta mujer cuya locomotora te lleva por la pista como a un vagón sin vías. De meneo en meneo, de tumbo en tumbo, del cuello a los tobillos, Abril reparte sus orgullos con un alto sentido de la equidad: nadie se queda sin asistir, muy de cerca, en la privacía de una silente sociedad delictuosa, a los recónditos rincones que le han dado prestigio entre los solitarios que, como tú, han caído en el sedoso cautiverio de su sexo imán.

No bien Abril se va, choteada y albureada por la cronista, soberana de un reino que recién conquistó un territorio en tu memoria, la sigues con los ojos pacientes de quien ya se enteró de la noticia grande: dentro de una hora, las tres desnudatrices volverán a la pista.

La siguiente maniobra tiene validez universal: se alza tu dedo índice y, apenas es visto, baja como un clavadista hasta rozar el cuello de la botella, para de inmediato trazar un raudo, brevísimo círculo en el aire. Y el mesero, que por supuesto habla el idioma internacional de los borrachos, entiende que deseas otra chela. También comprende tus motivos: estás apenas saboreando la carnada y necesitas de un buen trago para digerirla. Los solitarios podrán vagar por el mundo presas de una helada y recurrente incomprensión, pero una vez que arriban a su patria —la República de la Noche, con sus diversos consulados esparcidos en forma de tugurios por la ciudad entera— pueden confiar en que todos, desde la señora que trapea el baño hasta la señorita que tuerce las conciencias, se desvivirán por conocer sus problemas y hacerlos suyos. Junto con sus morlacos, claro está.

Abril ha regresado a la mesa donde sus amigos, en calidad de parrillas, la esperan ya solícitos y espléndidos. Cada vez que sus pupilas adiestradas para registrar al mundo entero de reojo advierten tu curiosidad, Abril te sonríe y brinda. O levanta dos dedos a tu salud. O sube a la pista, se deja abrazar por la pareja en turno y envía mensajes indiscretos hacia ti, haciendo con la mano la señal de los billetes, esbozando con el rostro un rotundo *¡Ni modo!*, y al final alineando horizontalmente el pulgar con el índice, como endosando su futuro a tu nombre. Aquí, entre las mesas agónicas del antro grotescamente vestido de plateado para una fiesta cuyos cientos de invitados jamás van a llegar, el futuro comienza y agoniza en vísperas de un mismo amanecer.

Los minutos vienen lentos, pero prisa es lo que menos tienes. Al dar las tres, Los Elegantes dejan su pedestal, no sin antes anunciar la inminencia de la tercera función. Fiamma sube, se contonea y desaparece de súbito tras el resplandor de una visitación: prendida de repente de tu cuello, Abril te besa y te suplica: *¡Mira mi show!* Tal vez por las cervezas, o quizás por la repetición de las imágenes que ya conoces, tu recuerdo se romperá justo allí, para retornar triunfal en el momento en que Abril, desnuda como un caballo, repte despaciosa, camino de la silla donde te empinas la botella cual ansiable biberón. Justo antes de llegar a ti, Abril tuerce hacia la izquierda y vierte sus abundancias en la nariz de tu vecino. Sin cesar de mirarte.

Cuando termina de oficiar Abril, alguien atrás le da una bata blanca, y con ella a medio poner vuelve a la mesa, despreocupada del cinturón inabrochado que permite a propios y extraños continuar admirando su puchita empelotada en *technicolor* digital. Es entonces que los acontecimientos se precipitan: no bien pides la cuenta, una mujer que resultó ser tu vigilante corre hacia Abril —cuyos amigos, debidamente desplumados, ya se fueron— y le dice *algo* al oído. El mesero es rápido, pero no tanto como Abril, quien llega y te abraza tres segundos antes de que la cuenta caiga sobre tu mesa.

A Abril no le van bien las dilaciones. Apenas se ha sentado junto a ti cuando sus labios ya soltaron la bala fría: *¿Me invitas un amaretto?* Momento ideal para mirar en torno y advertir que te cuentas entre los últimos —¿tres, cuatro?— clientes, tal vez el más cautivo de todos, y por eso ha de ser que un extraño dolor en el paladar taladra tu soberbia de solitario: el anzuelo se te ha clavado, y entre más te sacudes más se encaja. En eso, un hombre se acerca, dice algo en el tímpano de Abril y ella brinca, gruñe, riñe, huye hacia el ignoto fondo del Club Montecarlo. Tu cuerpo entero mete primera, el pie se hunde sobre el *clutch* y arrancas de un tirón camino a la calle. Una mano se prende de tu antebrazo: la otra mujer, tu alcaide, no quiere que te vayas. *Espérate, que orita viene Abril*, sugiere, ofrece, ordena, y al hacerlo termina de empujarte hacia la puerta. De seguro los malos huyen con más estilo: arrancas, te disculpas y zigzagueas a trote hasta acera. Esquivas al portero de un leve billetazo en plena palma, clavas la llave, saltas, dejas rugir al cuaco y metes la reversa más veloz de la Doctores. La aguja en el tablero asegura que el tanque sigue lleno.

Lecciones de idioterapia

¿A dónde llevo a mi pareja? Pocas angustias hay tan ociosas y estériles. Uno debería preguntarse, más sensatamente, si su pareja es la adecuada. Esto es, aquella capaz de aguantarnos por toda una noche, toda una semana o todo el tiempo del mundo. Cuando la respuesta es sí, el lugar es lo de menos, porque a medio idilio la covacha más vil es palacio inenarrable, y todas las vicisitudes que se vivan en su interior no serán sino parte de un hechizo que a ningún precio pondríamos en duda. El verdadero problema viene cuando nos vemos próximos a compartir la noche con quien no cuenta entre sus cualidades una inconmensurable disposición a soportarnos —en cuyo caso lo espiritual, mental y financieramente sano sería no invertir en esa persona— o cuando, al principio o a la mitad de la velada, uno se mira aullando solo, víctima del vacío que lo traerá orbitando cual zopilote hambreado. Y esa noche, por cierto, tal era el caso.

Había llovido, mas no serían los aguaceros obstáculo para que, como cada sábado, la calle de Filomeno Mata fuese tomada por un gentío espeso y ansioso. Algunos, particularmente quienes carecen de la certeza de ingresar al congal, son presas prontas de su desamparo, y es por eso que, armados de una paciencia que *maybe-maybe-maybe* resultará premiada con el acceso, batallan cuerpo a cuerpo con la turba, ganando lentamente posiciones hasta que de repente, merced a su experiencia en el plebeyo deporte de los empujones, alcancen la cadena que los separa del festín anhelado. Ya con el cadenón magullándoles el cuero —los de atrás nunca cesan de cargar hacia adelante—, ensayarán sus gestos más convincentes y sus súplicas menos antipáticas, disputarán oficialmente el título Mejor Amigo del Portero y lo perderán *(Mr. Porter has no friends)*, pero a manera de consolación éste descenderá hasta ellos y, sin mirarlos más que de riguroso reojo, decidirá en silencio si más tarde —cinco minutos, media hora, *who knows?, who cares?*— se le antojará dejarlos *pasar*, y por lo tanto *ser*. Al respecto, dueños y porteros están de acuerdo: no hay mejor publicidad que una manada dócil en la puerta.

¿Cuáles son los elementos que considera un portero antes de franquear el acceso a los aspirantes? Aquellos que ninguno querría confesar en público: la ropa, la pinta, el coche, la raza, el copete o, mejor todavía, el compadrazgo. Por eso, los lobos solitarios que pretenden cruzar un filtro así deben considerar, antes que su atuendo o sus maneras, la ostentación de algún salvoconducto. Esa noche, abandonado por los leales amigos que entraron sin tomarse la molestia de esperarme (mientras yo estacionaba el coche en que llegaron), me descubrí patológicamente incapaz de pasar los próximos treinta minutos de mi vida plantándole una especie de buena cara al portero de mierda, y en eso, milagrosamente, topéme con el salvoconducto por excelencia: a lo lejos, cerca de la cadena que separa a los *in* de los *off-off*, resplandecían los ojos contagiosos de una querida noctámbula, amiga de la moda y amante de la gorra, conectada *everywhere*. Grité, rehileteé, hice circo & panchazo para que aquella chica me supusiera víctima de una vejación tumultuaria, y luego de proveer dos codazos, tres rodillazos y aproximadamente siete pisotones, me hallé juntito a ella, que *of fuckin' course* venía con un idiota. (Las mujeres tocadas por la hermosura sólo pueden ser paseadas por dos tipos de hombre: los idiotas o yo.) Entonces un abrazo, dos besitos, un *mucho gusto* ladrado con el desprecio tribal de rigor y listo: en cosa de medio minuto ya estábamos los tres adentro. Y como aquel idiota lucía decidido a proyectarse ante mi amiguita como la versión 8.1 de Donald Trump, no me lo van a creer pero pagó las tres entradas. *Oh, yes.* Ya sé que uno jamás debe dar el cachuchazo sin antes repelar y hacer como que se le atora la cartera en el bolsillo, pero la neta de esto es que, indignado y dolido de ver a mi gozable amiga en tan inelegibles garras, consideré la invitación forzada como una mínima compensación: el impuesto al idiota.

—¿Nos vamos hasta arriba? —sugirió mi salvoconducto, con ese prodigioso candor que tienen ciertas ninfas para asumir como normal el encuentro simultáneo con dos faunos que aprecian sus encantos y codician sus favores. El idiota dijo inmediatamente que sí, pero algo me hizo pensar que aquella noche mi amiguita deseaba cualquier cosa menos ser obedecida. Por eso le sugerí que mejor nos quedáramos en el primer piso. Por eso aceptó.

Antes de alcanzar el dilema entre el primero y el segundo nivel, el Bar Roco exige cumplir con un trámite clasificatorio: todo aquel que sube las primeras escaleras lo hace con un brazalete plástico colgando de la muñeca. Una sola advertencia, clavada tras el mismo mostrador donde se paga la entrada, define la importancia del brazalete: quien lo pierda pagará una multa equivalente a lo que costaría un estado de coma con bebida importada. El brazalete tiene una breve cola; cuando uno solicita el primer chupín, el cantinero de un tirón se la arranca: síntoma de que ya empezó a endeudarse. El número del brazalete será ingresado a La Computadora y ya no habrá manera de alegar que no chupamos todo lo que chupamos. O lo que dice la computadora, que a todo esto no chupa. Nadie como El Sistema para saber qué tan servido anda uno y hasta dónde le dejarán ir la cuenta cuando quiera alcanzar la libertad.

El idiota bebía buen whisky, lo cual desinfló de inmediato mi amigable propósito de invitarle su primera estocada. Por lo demás, no era mi intención, sino la suya, lucir ante nuestra común amistad como un tipo espléndido. Había, pues, que dejarlo pagar entero el *IdioTax*. Luego de rebotar entre una sucesión de manadas que nos llevó de habitación en habitación hasta una barra de *look* hospitalario, cumplí con el primer deber del noctámbulo en los tugurios de autoservicio, que es corromper al cantinero. Un tipazo, por cierto. Sitiados por humanidades impetuosas y oscilantes, encerrados entre ecos y murmullos aturdidores, acechados por una arquitectura majestuosa y orgiástica, nos hacinamos a un ladito de la barra. Mientras el *asshole* pedía su whisky, más un amaretto para mi amiga —a mí, claro, que me mease un perro— dediquéme a preparar un billete de cincuenta enrolladito. Cuando el cantinero se desocupó, le hice saber con toda discreción que aquí el señor —o sea, *The Idiot*— era un cliente muy importante, *así que se las sirves bien cargadas*. La sonrisa del cantinero no sólo confirmó que aceptaba el trabajo, sino además dejóme presagiar que me prepararía un bloodymary poético. No cualquiera sabe cómo hacer sangrar correctamente a María, pero este fiel vasallo lo consiguió con destreza y talento, amén de cargar directo a la cuenta de *ya sabemos quién* el siguiente amaretto de mi amiga. *Ahí te lo encargo*, alcancé a murmurar justo antes de, ya en voz alta, proferir ante los oídos atónitos del idiota la sugerencia que lo hizo contemplarme con una suerte de odio vudú: *Ahí te la encargo.*

Es posible que ustedes, amigos del *hard sell*, se pregunten cómo puede uno, con tanto terreno ganado, dejar al enemigo libre y largarse quién sabe a dónde. Permítanme hacerles partícipes de un secreto milenario: los idiotas, particularmente aquellos afectos a mezclar celos con alcohol, tienden a incrementar su grado de idiotismo en proporción geométrica. Por espíritu deportivo y economía de guerra, es preciso dejar que opere la voluntad del Señor, y entonces ellos procedan a descartarse solos. Además, debo también decirles que si alguna ventaja tiene el Bar Roco es que está hasta las nalgas de idiotas. Es decir, de tipos generosos o poco alertas cuyas novias o amigas son susceptibles de recapacitar en cualquier momento. Pocos mercados hay tan abiertos como éste, y cuando uno anda solo por el mundo nada quisiera más que volverse un idiota, y como tal abandonar el antro en la sedosa compañía de una zorrita comprensiva y desprendida.

Evidentemente, un lugar como el Bar Roco no mitiga soledades vitalicias, pero ya sabemos que las apuestas de la noche suelen mirar hacia ese oasis quimérico donde la soledad es una bruja moribunda y distante cuyas carcajadas, según queremos creer, no volverán a perturbarnos. Morada colonial de suntuosos adentros, el Bar Roco podría ser el más chévere de los infiernos si no estuviese consagrado a la moda, y con ello a la insinceridad como bandera, la pose en lugar de escudo, la petulancia en alto cual espada. Lo cual no evita que, con el debido ablandamiento etílico, se vaya abriendo el abanico de lo posible y suceda, *why not?*, la magia que hace de los tugurios patrimonio inviolable de la raza humana: cuando menos lo esperas, la geografía humana se modifica, los astros toman órbitas distintas y ocurre lo imposible: *alguien te pela*.

(Para los solitarios, el Factor Milagro vale todos los covers del cosmos. ¿Quién, de otro modo, soportaría esos cocteles marineros de brazos y piernas donde el calor de uno es el sudor de todos? Si todos los días hay hombres y mujeres que al erotismo lo descubren comprimidos por las apreturas de un vagón del metro, ¿por qué no iba uno a prenderse a medio Bar Roco, vaso en mano, piernas entre piernas, ojos ajenos en pupilas propias?)

Aunque no todo caos es lo que parece. La mayoría de los habitantes del Bar Roco son asiduos, y como tales se reconocen aun sin conocerse. Cualquier día de éstos, *pum*. Y si no *pum*, pues *tantán*. Luego de una tortuosa travesía que hasta ese instante no había servido para nada, salí del baño, vi venir al idiota camino hacia mi espacio y me dije: *¿Qué se hace en estos casos?* Pues nada, se agacha uno, se escurre hacia un pasillo seguro y sale quijoteando hacia la pobre mujer que está allá solitita con la barra. Ella no me lo dice, pero por la resignación de sus ojos —y también por el guiño triunfal del cantinero— comprendo que para estos momentos el idiota ya está retornando el whisky, las botanas, el banquete de hoy y el omelette de ayer. Lo dicho: era un idiota. Mi amiga dice: *Vámonos*, y por toda respuesta la reduzco de un brazo y la arrastro hacia la salida, donde nos espera una implacable aduana: mi brazalete ha sido cortado, estoy debiendo una lana. *¿En qué barra bebí?* En varias, pero me limito a citar la primera, donde mi socio sirve los mejores bloodys de la comarca. Momento de saber que las computadoras no tienen todas las neuronas que uno piensa: el hombre de la aduana me cobra sólo un bloody… me quita el brazalete y me deja en la calle, libre de toda fianza.

No sé qué sucedió después. O en fin, sí sé, pero abomino recordarlo. Mi amiga sugirió (y yo imbécil, imbécil, imbécil, le obedecí) caerle al Medusas —antro *tecno* sureño cuyo portero tiene fama de haber roto marcas nacionales de cretinismo—, a cuyas puertas se encontró a un ex con la cara de idiota más inapelable que jamás vi. *¿No pasas?*, preguntó, con los ojos y todo lo demás depositados en el idiotaza. *Paso*, dije, no sin algún rencor ávido de patíbulos, trepé de un brinco al cuaco y partí hacia mi estúpida casa repitiendo frente al retrovisor: *Idiota*.

Sálvame del montón

Estimadísima Gaby:

No daban ni las diez de una noche entre semana cuando te apareciste, cuan poderosa eres. Daba vueltas a solas por avenidas huecas y repentinamente brotó tu nombre. Gabriela Ríos. Una cuadra más allá del nacimiento de la avenida Cuauhtémoc, ya en tierras decididamente alebrestadas, fulguraba la marquesina del Nocturno Tranvía, y en grandes letras tú. Soy, Gaby, uno más de los morbosos que dejan de leer cualquier cosa menos la oferta de una marquesina; me sorprende haber demorado tanto tiempo en descubrir que allí estaba tu nombre, solventando el prestigio del Tranvía. Pero debo decirte que fue justamente mi morbo el que me permitió conocer a ese nombre tiempo antes de que mis pupilas fuesen deslumbradas por tu arrojo. Permíteme ir por partes.

Eran las vísperas de Navidad cuando, bien servido y mejor puesto, fui sonsacado por dos empleados del Teatro Garibaldi, que a cambio de una lana ínfima me dejaron colarme al remate de la función. Es decir, los momentos en que a ti te tocaba lidiar con una horda de mandriles recalentados. Lo que vi entonces fue suficiente para que a las pocas noches retornase, acompañado de una docena de tarambanas borrachos y enfiestados, cuyas sonoras porras nunca cesarían. Me recuerdo levantándome

de la butaca para llegar hasta ti, que desde la pasarela, todavía cubierta por un vestido resplandecien-
temente ajeno a toda discreción, me ofrecías el micrófono con el cual terminaríamos cantando juntos, en el estilo que seguramente aprendimos de
Carmela y Rafael, una canción que por pudor olvi-
dé. Tuve, aquella noche tumultuosa, el honor de
ser el último hombre al que te acercaste vestida,
pues instantes después de nuestro encuentro te hacías una en membranas y fluidos con decenas de
hijos, nietos y tíos de vecino, decididos a capitali-
zar su inversión en taquilla mediante un tratamiento
mamífero integral. No he olvidado el contraste de
los ojos mojados y los belfos babeantes con el brillo
consentidor y aun triunfal de tu sonrisa. Un hombre con la brama amamantada no osará imaginar
que la mujer rendida se ríe de él.

Supongo que para estos momentos ya te ha-
brás dado cuenta de la naturaleza del escozor que
me llevó de vuelta hacia ti. Tu nombre, y con él tu
sonrisa, eran puertas cerradas tras las cuales se aga-
zapaban enigmas inquietantes. Tu voz ronca como
un perpetuo exceso, tu cuerpo elástico que nada
sabía de pequeñeces, tu pinta Tina Turner reencar-
nada en pantera, obligáronme a meter freno a media luz verde, torcer todo el volante hacia la izquierda y aplicar unos presurosos metros de reversa, en
el iluminado sosiego espiritual de quien ya halló
lugar para aparcar el cuaco. Salté hacia el pavimento, crucé la calle y una pareja de ceremoniosos anfitriones me recibió con grandes noticias: cero cover,
cero consumo mínimo, un buen trato por trago y
una oferta de miedo por el frasco entero. Por si estas
albriciotas nada fueran, el capitán del Tranvía me ins-

taló en una mesa de pista y salió patinando a tramitar mi primer vodkatónic. Plantado sobre el parquet de la pista, un tal Humberto destemplaba canciones de José José, mientras dos bailarinas de amplio ver y ligero vestir orbitaban en torno suyo. *Pe ro lo du do*, insistía la garganta de Humberto frente al único público listo para aplaudirle: yo.

Sé que no podía ser entonces, inicio de semana en día de futbol, el momento más glamoroso del Tranvía, cuyos viernes tienen la bien ganada fama de candentes, pero igual me consideré afortunado: mientras los trashumantes del *weekend* han de conformarse con ganar un enclave minúsculo entre la turba relajienta, tu remitente disfrutaría del privilegio imperial de agasajarse a solas con la variedad; y más tarde, cuando el hombre del sax hubiese ya soplado galones de cachondería cruda, se miraría solo en tu presencia.

Ante mí desfilaron diversas muchachonas: Nora, Claudia, Sirena, Marissa, Dana. Satisfactoriamente, mis solitarios aplausos fueron acreditados por cantantes y bailarinas, mientras el buen Humberto realizaba las más exageradas transfiguraciones para cumplir con toda suerte de papeles: cantante, pulsador, amante, cumbiambero, *pornostar* y doctor en *quebraditas*. Detrás del espectáculo, la banda Lobo no paraba de cruzar albures con las estrellas, acostumbradas a pulular entre la pista y las mesas aún desnudas de clientela. Recuerdo que, justo entre la llegada de mi tercer vodkatónic y el anuncio de tu arribo a la pista, descubrí la reciente presencia de cuatro parroquianos más, bien entrados en años, ímpetus y alcoholes, a quienes el personal en pleno rendía trato de compadres innatos.

Así, con el concurso de cinco fantasmas alcoholizándonos entre mesas distantes, llegó Gabriela Ríos, condecorada por el respetuoso adjetivo de un animador que —¡si lo sabría yo!— estaba a muchas millas de mentir: *Con ustedes... ¡La Tremenda Che!*

Como la primera vez que te vi, llegaste al escenario canturreando: *Buenos días a la vida...* y viniste directo hacia mi mesa. Con tu rodilla izquierda sobre la silla justo a mi derecha, tus ojos puntiagudos clavados en la piel de mi estupor, me arrimaste el micrófono por segunda ocasión en nuestras vidas y de pronto me vi —me viste, me vieron— haciéndote segunda: *Bueeenos días al amooor*, y aullando, cuando tú así lo demandaste, un *¡Ajúa!* que retó a muerte a mi sentido del ridículo. Envuelta en un vestido constelado de flecos y resplandores, viajaste hacia la otra mesa, te apoderaste de un marlborito y volviste conmigo a echarnos la segunda. Un tanto intimidado por la ocasión, y por el hecho de que tu amigo y humilde narrador canta ligeramente menos que espantoso, no acerté más que a alzar mi vaso hacia ti, un ademán que te hizo sugerirme lo urgente: *¿Me invitas una conga?*

Ya en confianza, dejaste tu conga en mi mesa y tu marlboro en mi cenicero, para ir a compartir tu estruendosa desnudez con los alegres compas de la otra mesa. Cuando acabaste de entonar la tercera, una corte de doncellas tomó prestada tu pista, en compañía del omnipresente Humberto, y así partiste al camerino, con la ropa cargando. (No me pidas que la describa; te la quitaste muy pronto. Y tan cerca de mi persona que no pude sino enterrar mis ojos en tu desfachatada concupiscencia, por la cual, ahora sí, brindé contigo.) Fue así que regresaste con un nuevo vestido, sólo para ser escoltada por las doncellas y el paje que rindieron honores a tu cuerpo epopéyico. Mientras, mis ojos se extraviaban en tu copa llena y tu marlboro consumido tras una fumada: huellas calladas de una presencia estridente. Perdido en tan improductivas reflexiones, masajeadas mis escleróticas por la rotación pélvica de Sirena, recibí como un súbito aguacero el aterrizaje del par de limones sobre el mantel. Tus limones.

El nombre me lo habías preguntado desde que arrancamos con el dueto, mas para decepción de los cochinos que espulguen a esta carta buscando podredumbre, debo decir que tu aproximación a mí no respondió a fines económicos, ni sensuales, ni corporativos, sino a otros más nobles y encomiables: como yo, esa noche Gabriela Ríos, La Tremenda Che, andaba en busca de la gema de la camaradería y, en una de estas, el tesoro de la amistad. *¿Ah, verdad, putos?*

Una de las tantas cosas por las que no te pregunté fue el origen de tu título: ¿Por qué la Che, si eres jarocha? Asumo que tal nombramiento resbaló accidentalmente sobre tu destino, como cayó sobre una de tus manos el mal cuya terapia te traía esa noche ingiriendo bebidas de salva. Armada de dos nuevos marlboros, prendida de los cítricos que succionabas con pasión licantropical, me hiciste permutar el espectáculo sobre la pista por el deleite impar de varias risotadas compartidas, porque a la altura de tu segundo marlboro ya sabíamos ambos lo suficiente para reafirmar en nuestras coincidencias vitales la validez de un proverbio fraterno, amén de pío: *Dios los hace*, carajo.

No pretendo, en modo alguno, igualar a mi ordinaria voracidad nocturna con la impudente gallardía que te ha vuelto carne de rastro para los ansiosos y leyenda batiente entre los vampiros. Por el contrario, te escribo con el respeto de quien se dirige a una princesa transilvana, y es así como acudo a tu amparo. Quiero que la memoria de tu honestidad sin continencia resplandezca cuando, engañado por la falsaria claridad del día, me dé por creer en las promesas de los labios alquilados, en las condenas de los puros impolutos, en la certeza de una ¿vida? gobernada por ese torpe sentido que se enorgullece de ser común y no por el malandro de ocasión que a todos los nocturnos —quienes, nos guste o no, somos familia— nos acompaña como un ángel de la guarda.

Ciertamente me maravillaron las historias que me contaste sobre el Teatro Garibaldi, tanto como certificar que una mujer de tu estirpe se arrepiente de muy poquitas cosas. ¿Que si tu *sexyshow* en el Tranvía peca de pudibundo comparado con el torrente orgiástico del burlesque? No, Gaby, tú y tus actos nomás no se entienden con tan tristón adjetivo. Pudibundos serán los otros, los cobardes, pero tienes una jugosa dosis de razón cuando dices que ciertos menesteres bien valen una poca de privacidad. Es en el nombre de ese secreto que distingue a los cómplices de quienes por motivos ajenos a la amistad se dicen sólo *cuates*, que guardo en el recuerdo, pero nunca en la crónica, las entretelas de una conversación que derritió al distante merodeador nocturno, para enfrentarlo una vez más con la vida, que como bien sabemos es la bruja más hija de puta que hay.

No era tarde, un rato apenas después de medianoche, cuando pedí la cuenta por mis vodkatónics y tu conga, mientras la banda Lobo le iba sacando jugo a la sed de tormenta de los recién llegados. En punto de las dos de la mañana, el espectáculo iniciaría una vez más, con La Tremenda Che soltando tamborazos en los aparatos digestivo, circulatorio, locomotor y reproductor de cada cuerpo presente. ¿Por qué me fui tan temprano? Porque, tal como lo acordamos, no me iba sin contraer una deuda moral: ya volveré al Tranvía, tu Tranvía, en compañía de algunos intrépidos que se sentirán más que complacidos de recorrer tus vías a todo vapor. Mientras eso sucede, Gaby, te envío la seguridad de mi respeto, el contubernio de mi afecto y el deseo encarrerado de que tus opulentos furgones no se paren jamás. Saluda de mi parte a Daniel el Travieso.

Déjalo ser, Senecto Pimienta

Sabías que caerías, más tarde o más temprano. El ocio, la curiosidad, las ganas de cambiar haberes por hubieras. Llámale como gustes, el asunto es que fuiste, orondamente al lado de esa pollita modelo recentísimo que había decidido celebrar su cumpleaños dieciocho en tu rancia compañía, luego de estar llamando ¿por cuántos días? No quisiste confesarle tu edad, cual si las patas de gallo que ya se insinúan como raíces de abedul fuesen insuficientes para anunciar *Peligro: V.G.T.* Pero tus pensamientos insistieron: *Soy El Villano*, y la llevaste así al Liverpool Pub.

No había mucha gente, pero los que ya estaban te parecieron que ni pintados para sacar de onda a tu pareja. *Sacar de onda, que ni pintados:* qué expresiones vetarras. Además, ¿estaba la pollita positivamente *sacada de onda*, o eras tú el que temía el parpadeo, el bostezo, el inminente rictus de fastidio bajo esos ojos en los que se adivinaba una infancia reciente y aún retirante? Si el punto es ser sincero, tu reproche inicial apunta hacia las matemáticas. Mientras ella miraba en derredor, presa de la misma fascinación que a cualquiera le impone un museo viviente, tus sesos fabricaban toda suerte de cálculos y porcentajes. Por un lado, era virtualmente improbable que tuvieras la edad de su señor padre, mas por el otro parecía viable que su mamá viniese del pleistoceno beatleano. ¿Y si se le ocurría presentártela? ¿Le ibas a hablar de usted, pinche cínico? La banda que tocaba, un quinteto de náufragos del *twist*, evidentes clientes distinguidos de las mejores ventas de garage, era un entremés más del banquete beatleoide, pero fue suficiente con que mirases, al fondo, la fotografía de Lennon adolescente para reflexionar, presa de una punzada chocarrera: *Your Mother Should Know.*

Cuando Lennon murió, ¿ya estaría casada la madre?, divagabas cuando la descubriste viéndote con los ojos de quien sólo ambiciona una probada de miel. Cuando llegó el mesero, te preguntaste muy mojigatamente si tu pareja querría empezar con un refresco, y de seguro lo habrías pedido si ella, más rápida que tú, no hubiese demandado la presencia de dos tequilas dobles y derechos. *¿Qué canción es esa?*, interesose la imberbe, con la seguridad de que tenías Todas Las Respuestas. Y tú, que sabías perfectamente que *Besos por teléfono* era una de las canciones más tocadas en *Las inmortales de Radio Mil*, repetiste la mueca que hacía tu abuelita cuando le preguntabas por Don Porfirio. Con una diferencia: tal vez tu abuelita nunca vio al dictador, pero tú sí compraste discos de Paul Anka. (Un quintacolumnista dentro de ti alcanza a reprimir las ganas de tararear *Jubilation*.)

Las canciones de los Beatles no pertenecen a un tiempo preciso, pontificaste a media conversación, preguntándote si tu acompañante ya estaría en la primaria cuando salió el primer disco de Sting. Fue entonces que regaste el mole número uno de la noche: comentarle al mesero que tu pollita estaba de cumpleaños. No imaginabas los funestos efectos que semejante pendejazo tendría, un rato más tarde, sobre tus estúpridas intenciones, y sería por ello que te aplicaste a ostentar un desparpajo que a lo mejor el mesero se tragó, pero tú no, y ella menos. ¿Sabes todo lo que puede sentir una mujer de su edad cuando un hombre de la tuya se intimida por su presencia, y entonces se le ocurre *entregarse a protegerla*? Sólo recuerda esa mirada que gritaba: *Hoy es mi cumpleaños y éste es mi payaso*. ¿Cuántos mocosos caguengues no cachetearían el pavimento por verla diez minutos a su lado? ¿Cuántos años tendría, en realidad? ¿Cuántos años de jaula le tocan a un ultrajador de colegialas? ¿Cuánto tiempo faltaba para que ya empezara el *show* ese de mierda?

La verdad es que yo me aprendí las canciones de los Beatles tomando clases de inglés, le cuentas a tu ninfa, más bien ingenuo frente a la perfidia profesional de su respuesta: *¿Y a poco entonces ya existían los Beatles?* Chale. Un jaque al rey como ése merecía de menos un enroque, y la oportunidad te la dieron los mismos Beatles. Mientras ella, resollando de risa, decía *perdón-perdón*, llegaba a tu hipodermis un bálsamo capaz de aliviar las heridas de todos estos años traicioneros, cuyo triste transcurso no tendría por qué transparentarse ahora: la banda entró tocando *Something*, y de algún pavloviano modo ello te devolvió un poco del poder que habías estado cediendo desde que se te ocurrió celebrar su cumpleaños en un territorio que suponías tuyo. Tus labios canturrean *I don't wanna leave her now* al tiempo que el mamón que ya eras cuando niño musita: *Thank you, George!*

Miras a los Bicles sobre el escenario y apenas reprimes la exclamación que seguramente han soltado miles de güeyes antes de ti: *¡Igualitos!* ¿Igualitos a qué? ¿A tu niñez, a las adolescencias de los *grandes*, a los pósters cuajados de melenas que disputábanse los muros de tu cuarto con escudos, banderines, fotos de Edson Arantes y Jimmy Connors? La nostalgia es veneno ventajista, sobre todo si no hay con quién reírse de ella. Pero los tipos de las otras mesas no se ríen; vuelan a lomos de palabras y sonidos, planean sobre un tiempo quieto al que creían muerto. Detener el tiempo, ir para atrás, paladear otra vez ciertos instantes en los que nos sentimos más vivos que nadie: *He ahí la nostalgia beatleana*, discurres y te escurres en silencio, cual si un inesperado pelotón de glóbulos blancos llegase presto a defenderte del masaje que *She's Leaving Home* te aplica sobre el mero pellejo espiritual. Ves a la banda y te preguntas por la cantidad de imitamonos a los que, sin jamás proponérselo, Lennon, McCartney, Harrison y Starkey han rescatado del desempleo. *¿Cuál es, pues, el trabajo de estos músicos miméticos que viven de clonar el tiempo perdido?*, te interrogas, y apenas vuelves a mirar hacia las mesas vecinas te respondes que no sabes lo que dices, pues si juzgaras por el efecto del espectáculo en sus hechizados espectadores, tendrías que reconocer una verdad incómoda: pocos músicos modifican tanto la realidad circundante como éstos. Basta con que aparezcan sobre el escenario y dejen escapar los primeros balbuceos para que el público, cautivo como un príncipe convertido en sapo, meta reversa en el tiempo y se deje ir hacia un panorama distinto y sin duda preferible, donde el destino aún late entero entre sus manos.

¿Quién es el *superstar* de esta película? ¿John, Paul, George, Yoko, Ringo, Jeremías? ¿El Amor y La Paz en huelga de cama? No. Toda esta música, que sin falta te recorrerá las venas y los huesos hasta reblandecerlos como galletas en chocomilk, es la banda sonora de tu vida, y más: la de tu infancia, tiempo en el que creías todo el año en los Beatles con la pasión que sólo cada doce meses conseguía inspirarte Santa Claus. La película es tuya, la música también. Tú eres la estrella. Las canciones transcurren, acompañadas por unos tequilas que parecen devolverle la textura original a esos años en que, como el cuarteto al frente, hacías cualquier cosa por pararte, vestirte, sentirte, mirarte como beatle, aun si el locutor de Radio Mil insistía en romperte los esquemas con el chisme odioso de que los Beatles, los de verdad, se disolvían como el *Kool-aid* en el agua. ¿Recuerdas los silbidos que daban los *grandes* en el cine Las Américas cada vez que un vetarro londinense quejábase de que Los Beatles Mismos estuviesen tocando en la azotea? ¿Cómo se atrevían esas momias movedizas a repelar, cuando tú, que nunca escuchaste venir de la azotea más música que la de las jodidas lavanderas, estabas extasiado en la butaca, dichosamente amnésico de las graves responsabilidades que implicaba cursar la Educación Primaria?

¿Parezco alumna de Preparatoria?, te despierta la ninfa, que ya se ha dado cuenta de lo lejos que andabas y decidió expulsarte de cualquier sueño cuya protagonista no fuera ella. *No sé... ¿Cómo son las alumnas de Preparatoria?*, respondes todavía atolondrado, luchando por librarte a cualquier precio de *Michelle* y preguntándote si aún habrá manera

de decirle aquellas tres o cuatro palabrejas que, juntas, sonarían tan bien. Pero reaccionas pronto, y antes que la pollita comience a sospechar que ya olvidaste cómo era la Preparatoria le aclaras que pasaste más tiempo en el billar que en la escuela: milagroso pretexto que te permite verte, una vez más, como el villano recio de la historia, sólo que ahora con la certidumbre que heredaste de Burguess, Kubrick y McDowell: los malos siempre ganan. ¡Qué rica coincidencia fue que, en ese momento, la banda detonase una versión más bien esponjadita de *Why Don't We Do It On The Road!* ¡Cuántas flores lanzaste con los ojos cuando, *in your sharpest English*, le sugeriste a tu pareja salir y practicar el *coitus viaductus!* Y lo mejor de todo: sus ojos azulísimos aullaban, lo podrías jurar, *yeah-yeah-yeah*.

Puede que la nostalgia sea el miedo al presente. Peor aún, el desdén por el futuro. Al menos así puedes explicar que de repente, sin que tu voluntad se involucrase, cambiaste de intereses. Fue culpa de los Beatles, ¿de quién más? En el momento menos oportuno, cuando tú y tu pollita parecían dispuestos a meterse encuerados en el jardín del pulpo no bien sonara *Oh! Darling, Girl, I Want You*, cualquiera menos esa, los músicos les dejaron ir *Yes. Ter. Day*. Come mierda, Paul McCartney.

¿Sabía tu pareja que, como millones de babosos en todo el orbe, eres irremisiblemente vulnerable a la canción más tocada de los Beatles? ¿Y qué podía importar lo que supiera, si de cualquier manera te brincaría el mandril que también llevas dentro? Te levantaste al baño, chocando con las mesas y oyendo, sádico eco, las primeras palabras de *Nowhere Man*.

Al volver a la mesa, con la cara lavada y la camisa húmeda como inquietos testigos de una sabrosa cena recién devuelta, la escena era distinta: un estridente par de pelafustanes, notoriamente más vetarros que tú, agasajaban a la pollita desde una mesa contigua, mientras la banda reproducía el *Happy Birthday* beatleano que por años soñaste con oír en lugar de las pinches *Mañanitas* de cada año.

Te dejaste caer sobre la silla como un rinoceronte morfinómano. Los minutos corrieron, los Bicles terminaron, y de pronto el local era tomado por las mismas canciones que, ya en la pubertad, te acompañaron en la ruta del amor a solas. ¿Chicago, Zeppelin, Eagles? No lo recuerdas, a lo mejor porque casi todo, desde aquellos infames momentos en los que cambiaste al esquivo amor por la cachonda nostalgia y a la cachonda nostalgia por la inclemente *pálida*, se fue directo al ancho drenaje del olvido. Injertado en villano cazador, habías decidido comer pollita, pues ni modo que a su lozana edad pudiese sustraerse a la Ley del Fuerte. Lo único que no consideraste fue que, cruzado como estabas de tequila con Bicles, El Fuerte no serías tú.

(Por eso caíste primero. Por eso la pollita no salió de ahí contigo. Por eso nunca más volvió a llamar.)

Ella me pidió quedarme y sentarme donde fuera, pero al buscar noté que no había silla, traduces lentamente al oído de una mujer con los ojos encendidos, pero callas a tiempo la historia del Liverpool Pub. Dispuesto a no dejarte tumbar por los tequilas, pides una juiciosa michelada y esperas sin paciencia la vuelta de los Bicles. ¿Nostalgia? *Sí, pero del futuro,* respondes en silencio, y así por fin desechas la borrosa definición de nostalgia que aquella noche, manejando ya a solas por Insurgentes, haciendo convulsivas escalas en una, dos, tres oscuras esquinas, apuntaste al reverso de la nota de consumo: *Esa ensoñada ineptitud para oponerse al gancho de una quimera viva que nos abandonó sabrá el demonio cuándo, cómo y dónde.*

Por las faldas del mariachi

Casi todas las noches memorables comienzan en el interior de un vaso. Son las diez y cuarto, me dispongo a salir de caza transilvana y en eso oigo la voz que me susurra: *¿Qué tal un chupín?* Si la que ahora me aguarda es una de esas noches, seguro habré notado en el eco de aquella voz una cosquilla urgente, un llamado imperioso, una seña del Cielo al que tal vez muy pronto estaré besuqueando. *Muy pronto* significa: una hora. Hay prisa, pues. Vaso, hielitos, vodka. Queda poca aguaquina, razón de más para llenar lo que resta del vaso con vodka y temer: *Chin, va a saber a madres.* Sólo que en ciertas noches nada sabe mal, y el mejor indicio de que se está cerca del Magno Agasajo es justamente la suculencia del primer chupín: podrá tratarse de un veneno infecto, un orín pestilente o un chorro de postemilla, que de cualquier manera su sabor te alcanzará como unos labios nuevos que se acercan, se mojan, se rinden: *¡Ven!*

Ya sabemos de dónde viene la voz. Cualquiera identifica el tufo de azufre que acompaña a su aliento, el trinche que le empuja despacioso y dulce, la cola que le muestra el camino hacia la calle, las luces, el pavimento de repente *softy* como la panza de un cachorrito. Del radio brota el tam-tam agitanado de una voz de mujer que asegura: *Hoy la luna sale para mí.* El cajero automático —papá electrónico de los faroles de la calle— dice que sí: ahí está la marmaja suficiente para pagar una colegiatura más en la Universidad Autónoma de la Existencia. Luego la nave avanza por Bolívar, camino de la Colonia Obrera. ¿Nos dirigimos al Caballo Loco, La Burbuja, el Balalaika? No, señores. Por exótico que parezca, nuestro destino es un islote sintético, un reductillo *nice,* un santuario del *posh:* La Planta Baja.

No es sencillo cruzar las cadenas de la entrada. Entre quienes lo logran menudean los cuerpos esbeltos, las caras lindas, los versaces que nunca proliferan entre las avenidas aledañas. Apalancados por la gracia de un portero aliado, cruzamos prontamente las cortinas metálicas del oasis sobre cuyo cemento desnudo las parejas se mueven al trote de sonidos ochenteros, setenteros, sesenteros. ¿Qué puede prometer La Planta Baja a quienes acostumbran pagar el *glam* con billete grande? Pues *glam,* ¿qué más? Pactadamente libres de todo fasto, retirantes furtivos del confort, modernos como un póster posmoderno, los inquilinos de La Planta Baja compran entre sus mesas de fonda, bajo los altos techos de una bodega que bien podría servir de taller mecánico, uno de los caprichos más cotizados entre las tribus *trendy:* el rompe-y-rasga virtual. La sensación tramposa de que se vive algún efímero peligro, o que se es *medio naco* pero sólo un ratito, o que al menos se tiene alguna fórmula para no verse tan pinche normal. Pero tales son elucubraciones propias de un crítico de fiesta: profesional del tedio que compensa su pestilente soledad con la ácida censura de los demás ridículos. Al final lo irritante no es que los otros gocen, sino que no tenga uno con quién gozar.

Cierto: la mayor parte de estas infantas anda en busca de falsos peligros, como quien juega con la garantía previa de que nadie le encajará un tanto. Pero ya se ha cansado de decirlo Menotti: *No se puede jugar sin arriesgarse a recibir goles.* Por eso hicimos bien cuando, apenas nos cayó la intensa luz interna de La Planta Baja, nos lanzamos pidiendo de a dos vodkas por piocha. Tal vez no lo pensamos en ese momento, pero al apapachar a nuestros cerebelos con el dichoso bálsamo de una inconciencia al alza, procedimos cual si el equipo entero corriera por la cancha frente a una portería sin defensores. ¿Qué podemos hacer contra estos tragos que a cada sorbo saben más dulces, más necesarios, más terapéuticos? No queda más que unirnos a ellos. Enviar a las inhibiciones a la banca, y si es posible a las regaderas. ¿O no es cierto que aquellas tres infantas de falda corta, media negra y labios fuego buscan, como nosotros, lo prohibido? ¿Qué les costaba ir al Argenta, donde todo estaría puesto para cumplir uno por uno sus glamorosos y comodinos antojos? Ni para qué engañarse, apreciables amigos del trapecismo sensualista: si esa gente tan rara que se dice *normal* elige frecuentar La Planta Baja es porque ya se siente más que podrida de vivir sosteniendo el teatrito asfixiante de la *normalidad.* Pidamos otro *drink,* démosle cran de un golpe y despeguemos hacia aquel rincón donde las ninfas ya empezaron a aburrirse.

Yo tampoco soporto eso de parármele enfrente a la interfecta y pedirle permiso para entrar en su vida. Las pollitas podrán ser hijas de Giorgio

Armani, de Ermenegildo Zegna o hasta de La Gran Puta, pero ello no les da el privilegio de jodernos la noche así como así. O sea que vale más bailar en sus carotas, intempestivamente, de forma que sean ellas quienes se intimiden porque al segundo brinco ya les arrima uno el vodkatónic al buzón. ¿Ven lo que les digo? Basta un parpadeo de la normalidad para que el desfiguro tome el control. Además, las infantas no sólo rebasan la edad y el peso reglamentarios; también están sedientas de penumbra. Mas no estamos en posición de afrontar al enemigo que desde todos los rincones nos acecha: un *ex* rondando por aquí, un primo más allá, las amiguitas cocinando ponzoña en la mesa de al lado... El tugurio de ínfulas cosmopolitas no vive libre del provincianismo que delata su origen perfumado. Como quien dice, *vino todo el mundo*. Estamos libres de complejos, pero no de testigos. Hasta que un combo Van McCoy-Duran Duran incita a nuestras nuevas compañeras a sugerir la deliciosa huida.

No ha dado ni la una cuando cruzamos la cadena de vuelta, seguidos por los ojos rencorosos de quienes se desviven por entrar y nos miran salir como si nada, desdeñosos al cabo de su Shangri-La. Arrancamos con brío de tahúres insomnes, abandonamos la colonia Obrera y enfilamos por San Juan de Letrán hacia más esquinados horizontes. A una de las infantas, súbita presa de una ráfaga de normalidad, le da por recordar unos cuantos lugares de moda, mismos que en opinión de los borrachos presentes bien pueden esperar a una noche normal, cuando el alcohol sepa realmente a alcohol y el reloj nos acose como acostumbra. Muy dentro de su ser, cada pollita entiende que la de hoy es su noche, por eso no se quejan cuando escuchan: *Vamos a donde nadie sabe quién eres, empezando por ti.* Lo malo es que ninguno de nosotros tiene claro cómo llegar al 33: legendaria cantina saturada de *rompe-y-rasga* extremo. La nave se detiene frente a un desplumadero de ínfima reputación, cuyo portero advierte: *Síganse derecho hasta llegar a Perú... pero abusados porque está re grueso.* Las infantas nos miran, se miran y se callan. Encomiable actitud. Sienten la recia, pero le hacen frente.

¿Dónde está el 33? Aquí, en la mera esquina donde hasta los mariachis llegan con las boquitas pintadas. Pretenden las infantas pegarnos el embuste de que están próximas al paro visceral, mas en sus ojos cintila un placer tan grande como el miedo que inexplicablemente inspira un charro amigo de Max Factor. Apenas atravesamos las puertas, varias constelaciones de escleróticas parecen desnudar nuestras intención mezquina y, *shit!*, la extranjería brillosa de las infantas. Aunque aquí lo que cuenta es lo amplio del visado: el 33 sólo cierra sus puertas de las seis a las diez de la mañana. Puesto de otra manera, está a sólo doscientos cuarenta minutos de hacerse casa-hogar.

¿Cuántos años te he matado el hambre, hija de la chingada?, vocifera una mal rasurada parroquiana, cautiva de una discusión que amenaza con ir del grito a las uñas, y ya entradas en karmas, de ahí hasta el picahielos. Pero el hombre detrás de la barra —huraño, añoso, traje y sombrero grises, periódico entre manos— sabe cómo lidiar con su clientela, de modo que no hay pleito que lo arredre. Grita: *¡Shhht! ¡Ya! ¡Se callan, pinches locas!*, y vuelve a su lectura. La autoridad del hombre de la barra

contagia de una extraña seguridad a las ninfantas, que de una en una se levantan en dirección al baño, pero he aquí que se frenan, se cuadran, se postran reverentes ante la rocola. Luego bucean en sus *backpacks* de piel, encuentran las monedas, las ofrendan sin titubear: Ana Gabriel ruge un bolero en tal modo rasposo que obviamente nuestras acompañantes ya anotaron su primer gol en el 33. Hay una sigilosa ola de simpatía creciendo entre las mesas de la cantina donde nosotros, Los Intrépidos Guías, seguimos siendo forasteros apestosos, mientras las tres princesas de La Planta Baja cosechan un vertiginoso éxito social. Mas no hemos visto nada. La segunda canción, un éxito chillón de Rocío Dúrcal, agarra a las amigas recargadas plácidamente sobre la rocola, cual si fuese la cómoda de marquetería de su mansión distante. Pronto, las chicas bailarán *Tímido* con otras tantas boquitas pintadas, mientras un amigable gordito lucirá su escarpada orografía pectoral a través de una palpitante sucesión de brinquillos que habrán de acabar mal: bastará un escalón traicionero para que el bailarín salga volando de hocico hasta las mesas vecinas, que se sacudirán con todo y bebistrajos merced al marranazo que ya merito las derrumbará. ¿Sirve de algo añadir que me conmovió ver a las tres infantas levantando del piso al bailarín, con la diligencia de unas *girl scouts* jubiladas y la piedad de Sor Teresa de Calcuta a los 14 años?

En otros antros los clientes se desfogan; en el 33 se limitan a *pasarla*, en la certeza de que no es una cantina sino un hogar el que los acoge (virtudes de rocola: darle a sus inversores una honda sensación de pertenencia, volverlos anfitriones, arrimarlos a sus más íntimas e irrenunciables posesiones, que son los recanijos recuerdos). El que quiere baila, el que no se aplasta, y el que no se cae. Pero en un sitio al que consideras *tuyo* lo de menos es que te levantes del piso con un hilillo rojo escurriendo de la mandíbula; malo sería que pasara entre extraños.

No hemos logrado explicar satisfactoriamente cómo fue que acabamos en casa de sabrá el carajo quién, a qué hora y en qué coordenadas del Cosmos. Recuerdo que las tres infantas canturreaban en compañía de cuatro chicas que podían ser cualquier cosa, incluso mujeres. Se sabían un amplio repertorio de Juan Gabriel y hasta unas calentonas que cantaba el *Puma*, pero al final ganó *La Malagueña*. Luego me veo flotando por un túnel sin luces que de un momento a otro desemboca en Plaza Garibaldi. Para más desconcierto, había salido ya el astro usurpador, de modo que sus rayos llegaban a mis párpados igual que el Hombre Lobo irrumpiendo en los sueños de un niño meón. Bastó una pasajera ráfaga de lucidez para dar con el cuaco, mismo que ya creía desmembrado en pringoso y misérrimo patíbulo. (Por cierto, ¿cómo se llamaban las infantas? Ninguno lo recordaríamos, si acaso algún instante lo supimos.) A un lado del asiento trasero sobrevivía radiante una dosequis tibia pero sin mácula. Abrí el bote a tres cuadras de mi casa, pero pasó lo peor: me supo a mierda. Síntoma delator de que, una vez difunta Lady Great Night, sonaba ya la hora de volver al sarcófago. Lejos, en el recuerdo apenas comatoso de aquel alebrestado fin de fiesta, zumbaban los falsetes del Mariachi Maybelline: *Soy lo prohibido…*

Paracaidismo nupcial: teoría y praxis

Un antrazo es aquel que divierte al propio y pervierte al extraño; de ahí la persistente avidez de novedad que distingue al reventado del sosegado: uno tiene que incursionar en nuevos lugares porque además disfruta intensamente la prerrogativa de ser extraño. Fuereño. Bisoño pervertible y ligero de peros. Cualquier cosa menos pan con lo mismo. Un nuevo espacio significa peligros, comenzando por el de que nos nieguen la entrada. ¿Vale la pena luchar por ingresar a un sitio donde no somos bienvenidos? Al igual que los buenos amantes, cualquier trasnochador audaz sabe que no hay deber más imperioso que adentrarse hasta los últimos recovecos del sitio que con razones o sin ellas le ha sido vedado. Más allá de la victoria del ingenio que su osadía representa, hay en lo más recóndito del forastero un rico sentimiento de profanación. Bien lo dice el poema: *Si tú eres el altar de piedra, yo soy la mano sacrílega.*

Asumo que la mayoría de ustedes, mis amigos, son alérgicos a los reventones nupciales: letárgicos derroches de betún físico y metafísico cuyos más álgidos instantes corresponden al momento en que la tía se lanza a danzar el *Rock del angelito*, mientras una robusta manada de beodos escupe necedades o bien desquita el precio del regalo prodigando sarcasmos gordos de envidia. Los bodorrios: engorrosos festines de cuyo tedio nada promete librarnos. ¿*Nada?* Eso, a los oídos de un legítimo reventado, tintinea como un reto.

Darse a buscar un diferente refuego es, también, perseguir la quimera de lo nuevo. Lo jamás paladeado, lo de repente insólito. Cuando uno apenas cumple los quince años, el espectro de lo nuevo —casi todo prohibido— es amplio y misterioso como un firmamento. Pero después, cuando al fin descubrimos que los adultos nos embaucaron con una edad adulta que es edén de pacotilla, que detrás de sus custodiados misterios no habitaba la mala vida, sino en todo caso la puerca conciencia y todavía peor, la méndiga mediocridad, arribamos al fin a una desesperada disyuntiva: o nos volvemos iguales a ellos, y ya en plan de Relucientes Adultos vamos por el mundo prodigando prejuicios y sandeces, o de plano escapamos esa misma noche. Y la otra, y la otra. ¿Qué es, pues, un *reventado*, sino un fugitivo de la edad adulta? A los quince años, uno es capaz de ver mística donde los otros miran sólo materia: basta con que a las puertas de un desveladero nos reboten por causa de nuestra corta edad para que, presurosos, colmemos esas puertas de mítico secreto. ¿Qué pasa entonces cuando, ya con algunas mañas en el costal y una cartilla militar en las falanges, descubrimos que el anhelado averno es apenas un gris asilo de aburridos? ¿Debemos capitular, socavados por la monumental decepción del putañero debutante que de un solo arrebato se clava al Seminario? Si acaso decidimos persistir, muy probablemente comience allí nuestra gloriosa segunda infancia: dorados años en los que no habrá magia sin recurso, recurso sin misterio, misterio sin futuro.

Alguna vez, cuando salir de noche llegaba a parecer costoso y excluyente, su amigo y humilde narrador descubrió las ventajas del paracaidismo nupcial. Era mágico: así nunca en la vida te hubieran topado, a los presentes les bastaba con verte el trajecito para otorgarte todas las licencias, sólo tenías que pegarte a la comitiva de la primera pareja que vieras descender en la glorieta del Ángel para, tras una travesía por Reforma donde la gritería de tu claxon sería la más alegre y animosa de todas, ligar cena, bebidas, ¡compañía! y, si había suerte, escapar con tu nueva pareja del que después de todo seguía siendo un horripilante bodorrio. Como extranjero, sin embargo, gozaba uno de los más desusados privilegios, como el de agarrar silla en la mesa mejor surtida de chamorros, cometer cuanta tropelía se le antojase y, llegado el tedio, abandonar la fiesta triunfalmente, con el cinismo por escudo y la embriaguez por trofeo. Mientras eso pasaba, podía paladearse un miedo extra: ser desenmascarado como intruso, señalado como gorrón, aventado a la calle como un pordiosero. *Slurp*.

Esa noche, varios años después de aquellas incursiones, ella y yo nos miramos hambrientos de peligro, pero aún escépticos en cuanto a patrullar los traspatios de la vetusta Merced en busca de lo que, vista nuestra indumentaria —trajecito padrotín, negrísimo vestido de coctel—, parecía un seguro suicidio sin causa. Recién habíamos rebotado violentamente de un tugurio *hardcore*, donde por la apostura de mi atuendo hube de recibir tres rencorosos cabronazos en la espalda, mientras mi acompañante —los hombros desnuditos, las piernotas envueltas en la clase de medias que arruinarían una beatificación— con trabajos logró evitar salir de ahí en estado interesante. Era temprano —diez, diez y media, la hora en que los reventados van ajustando el carburador— cuando mi conducir errático nos llevó hasta un beso: a las puertas de una sinagoga, dos novios ensalivábanse apasionadamente las encías, casi desentendidos de la centena de nuevos familiares que los miraban desde las escaleras. *¿Nuevos?* Sólo hasta donde dos familias judías —que, a diferencia de las católicas, saben rastrear sus lazos tribales— pueden llegar a ser extrañas entre sí. De manera que el desafío distaba de ser pequeño, pues no bastaría con decirle a la familia de un contrayente que veníamos con la del otro. Por eso le pedí a la chica que aguardara en el cuaco, mientras que *Mr. Goodbar* desmontaba, subía de dos en dos los escalones, prodigaba sonrisas y tomaba prestado —con respeto, eso sí— uno de los gorritos blancos disponibles para los invitados. A partir de tan excitante momento, su amigo y humilde narrador decidió llamarse Isaac, y a ella bautizarla con el bonito nombre de Sara.

Sobra decir que los bocinazos de nuestro caballo pintaron el camino de honesto regocijo. Si los otros invitados habíanse caído con esplendentes regalazos, nosotros obsequiaríamos a los nuevos amigos con la gema de una excelsa vibra. ¿O no es acaso eso, *vibras*, lo que más necesitan quienes recién inician la más sacrificada de las convivencias? Tanto o más que el alegre Isaac, Sara asumía que su entusiasmo pecaba de falsario, mas ya se sabe que la sensibilidad humana es harto vulnerable al derroche afectivo, de modo que pasadas las tres cuadras ya nos considerábamos parte legítima del cortejo; fue así como arribamos a la mansión donde propios y extraños celebraríamos la unión de ¿quiénes? *Urge que averigüemos los nombres de los novios*, me alertó mi querida Sara.

Antes de su primera noche judía, su amigo y humilde narrador sólo había sacado provecho de los católicos: una desproporción que a gritos demandaba remedio, aun si ello implicaba meticulosas dosis de perfeccionismo escénico. Afortunadamente, la mansión abrió sus amables puertas a los primeros cuacos de la comitiva nupcial, entre los cuales iba, por cierto, el que llevaba dentro a Sara e Isaac. Mientras el resto de los invitados dejaba sus corceles en la calle —territorio inseguro, pleno de contingencias indeseables— y entregaba sus boletos a los elegantes lacayos que franqueaban la entrada, Sara e Isaac escurríanse por la cocina, esquivando a la breve comitiva nupcial cuyos nombres de pila eran del evidente dominio público. Antes que pretender pegarle a tan encantadores anfitriones el cuento de que habíamos sido amamantados por la misma tribu, Sara me atrajo hacia una de las mesas menos pobladas, donde seguramente permaneceríamos a salvo de los escepticismos más riesgosos. Pero poco duró nuestra prudencia, pues cuando menos lo esperamos aquello era ya no una boda, sino un reventonón.

Como todo cristiano con regular información en torno al mundo en que vive, su amigo y humilde narrador sabía de la generosidad proverbial de las nupcias judías, tanto como de la alta disposición al jolgorio de contrayentes y convidados. Pero una cosa es el haber sabido y otra, muy diferente, el haber probado. No sé muy bien cómo hice, o cómo hicieron los demás, para ponerme al centro del *Hava Nagila*, mas cuando menos lo pensé ya me veía cargando, con otros dos voluntarios, la silla sobre la cual flotaba el novio —quien, por cierto, no se distinguía por ligero—. En cuestión de media hora, Sara e Isaac habían ganado posiciones entre los personajes más populares del convivio. Si las burbujas de la René Lalou que entre Sarita y yo solos nos empujamos lo hubiesen permitido, recordaría cómo logré enterarme del nombre del novio, pero de cualquier modo uno muy rara vez recuerda cómo supo que sus amigos se llamaban de este o aquel modo. Por eso digo que la amistad, mis cuates, tiene que ser más que un nombre, un momento, una Lalou cosecha ochentaidós. Salud por el cristiano amor al prójimo.

¿Qué canciones bailamos? ¿Cuáles otras delicias degustamos? ¿Cuántos nuevos amigos hicimos en la mesa donde ya no quisimos ser Isaac y Sara, sino sencillamente nosotros mismos? Nunca lo sabremos, especialmente si se toma en cuenta lo que pasó después, cuando el novio se acercó a brindar y me dijo, ligeramente afectado por la René Lalou que seguía corriendo sin diques: *No sé quien seas, pero me caíste de poca madre.* ¿Conocen ustedes la vergüenza, mis cuates? Ciertamente su amigo y humilde narrador la tenía un tanto en el olvido, pero bastaron aquellas sutiles palabras para que se le apareciera de cuerpo entero, como ese hipo que luego de diez años de ausencia regresa musculoso a jodernos la vida por quince días en hilera. Pero a la vergüenza no vale la pena soportarla tal como es

—insoportable, claro—. Vale más enfrentarla, desafiarla, ponérsele gallito antes que claudicar ante la baratona tentación de pisar el huarache y sentir cómo el más lacerante de los fuegos rostiza lentamente la epidermis moral. *Pues... digamos que pasaba por aquí, y decidí venir a celebrar tu boda*, le respondí sonriendo, con el corazón y una nueva copa en la mano, tras lo cual procedí —con esa propensión a las confesiones que el catecismo deja entre nuestros traumas— a decirle mi nombre, con todo y apellidos. No obstante, ¿quién le cree a un borracho desconocido? Mi amigo el novio no, su nueva esposa menos. No bien comencé a necear con invitarles a un atascón de tacos de puerco en El Jarocho, Sara —que hacía por lo menos tres horas que ya no se llamaba Sara— me sacó por la fuerza de allí.

Doce horas después del operativo, con las burbujas piqueteándole los párpados, Isaac se preguntaba si, efectivamente, los eventos de aquel fiestón magnífico habían sucedido tal como, de manera borrosa, creía reconstruirlos. Pero Sara, que como todas las mujeres sabe más que los hombres, lo consoló aduciendo que ciertas noches no hay que recordarlas. Es la única forma de, un día, repetirlas.

Members lonely, monsieur

La Alameda Central bulle de santaclauses. Poco a poco la noche se va enfriando en la banqueta donde marchantes y curiosos todavía intercambian regateos. Cuando uno es niño, tenderetes como éstos son territorio místico, y así ya lo de menos es que haya dos, o seis, o treinta santaclauses, porque al cabo la magia lo patrocina todo y entre más magia vea, mejor. Pero suenan las once y los niños comienzan a escasear. Lentamente, las calles recobran sus trincheras nocturnas, sus esquinas inciertas, sus recovecos que sacan de quicio porque detrás están el viejo del costal o el joven del cuchillo. Es la hora de hurgar en los otros diciembres, sobre todo si uno pertenece a esa estirpe neurótica que gusta de sufrir en Nochebuena. O a ver, ¿cuál es la fijación que nos obliga a hacer auditoría sentimental cada vez que nos cae una cena de Navidad, un cumpleaños, un tétrico domingo por la tarde? ¿Para qué alimentar al monstruo cuando más desarmados estamos? ¿Es parte de la fiesta llorar en días de fiesta? Se dice que las víctimas del sida se cuentan por millones, y eso que no se incluye el número de víctimas del puro miedo al sida: gente que sin notarlo se ha ido quedando sola, y en tanto es incapaz de advertir las murallas que sus mismos temores han ido levantando. Y bien, que hoy me toca comprar alfalfa para el monstruo. Finalmente, en diciembre también abre el Infierno.

Bastan unas zancadas más allá de las luces navideñas para toparse con el fantasma de una soledad que, por decirlo así, *sobrecoge* al fuereño desprevenido. Sobre todo si se ha empeñado en turistear por aquellos rincones a los que cualquier guía de viajeros sólo mencionaría en tono de advertencia. Pero cuando es de noche y te alejas de un sitio como la Alameda, sin perro que te ladre ni antídoto que valga contra cierta nostalgia que temes insoluble, no hay mejor medicina que acercarse a la sombra y rascar en su vientre, donde si nos va bien recibiremos una descarga eléctrica en la conciencia: terapia draconiana que aparta a los juiciosos y curte a los noctámbulos.

Ahora que lo recuerdo, mis colegas están empeñados en hacer de mi persona una suerte de Batman del Inframundo —título que su amigo y humilde narrador está insalvablemente lejos de merecer—. Cada vez me sugieren más tenebrosas cuevas, más callejones lúgubres, más materia canalla para ejercer el vicio retorcido de la escritura. Y es por eso, para dar gusto a mis sonsacadores y de paso saciar al demonio goloso que chapotea en la tinta, que camino por las orillas de la Alameda en busca de un leonero llamado *Verónica*, donde, según se cuenta, no hay más excelsa cima musicopoética que el viejo hit de Víctor Yturbe, el Pirulí: himno, bandera y código del tugurio. Pero nada que el Verónica aparece, mientras muy cerca, donde una vez se alzó el Hotel Regis, hay un can quisquilloso que ya me está ladrando. Un poco menos cerca, junto al apacible merendero donde varias familias remojan sus espíritus navideños en café con leche, parpadea una sospechosa invitación que, imagino, haría las mieles de mis colegas.

¿Qué tan solos están los solos? El demonio lo sabe. Por eso acude, puntual como ninguno, a tentar a los solos con la pronta promesa de un idilio que se dilate entre sus sentidos, mientras el alma se conserva intacta entre el formol etéreo de la quimera. Cruzo, pues, la Alameda como quien se dirige a la Pinacoteca Virreinal, pero antes de llegar al adusto edificio me permito desviarme hacia la puerta por la que no parecen pasar más que tipos comunes, corrientes y solamente solos. El letrero es ruidoso cual palmera en la tundra: *Clandestine*.

Invadir las cavernas que no nos pertenecen tiene un encanto raro y exquisito, a veces tan osado como saltar por vez primera de un avión, preguntándose si el paracaídas fue doblado como Dios manda, si sabrá uno abrir piernas y brazos en el aire, si todo lo que dijo el instructor sobre los vientos le servirá para algo, o si pasó por alto alguna innovadora variante que, al ocurrir, pondrá fin a la fiesta. Lo cual, en lenguaje noctámbulo, se traduce como el temor de salir por la puerta trasera con un *fierro* guardado entre pulmón y pulmón. ¿Por qué razón? Por nada. Porque sí. De puras barbas. Lo más emocionante de los accidentes nocturnos es que no necesitan de un motivo. ¿No es acaso la sinrazón quien nos conduce a medir fuerzas con la Huesuda, hinchados por la siempre latente ilusión de hacerla tremolar de osteorgasmosis y embarrarle en la calavera los jugos de la vida?

No parece el Clandestine sitio propicio para salir con la sirena por delante. De hecho, su densidad resulta casi monótona para quien no comparte planes ni apetitos con los parroquianos. Dividido en dos plantas más o menos equivaliosas, el Clandestine luce apenas distinto de una capilla consagrada al *lapdance*. Su misma concurrencia, hombres solos que muy difícilmente hablan con el vecino, delata un interés mayor en los monitores. Se anuncia una pequeña orgía para la una y media, pero las pistas están aún vacías, los meseros deambulan subempleados y los videos devoran las retinas.

La televisión es, como el tugurio, modesta, digamos que tirándole sutilmente a jodida, mas la programación excede a la pantalla. Cada vez que me vuelvo hacia allá soy golpeado por unas imágenes de soledad que quizá los presentes juzguen muy cachondas, pero lo que es su amigo y humilde narrador las encuentra dignas de la República Monstruocrática del Cthulhu: tipos solos, solísimos, acariciándose de todo y sin medida frente a un ginecamarógrafo meticuloso, resuelto a convertir a sus espectadores en proctólogos. Actores de muecas sicalípticas y traseros comelones, patrocinados por una marca no exactamente machista: *Man to Man*. ¿Existe soledad más intensa que la de ese individuo que se escarba el trasero frente a la cámara, jurgoneándose todo lo humanamente jurgoneable al tiempo que se ingresa un abanico de *hardwares*, entre los que destaca un *Jumbo Plus Dildo* con ventosa integrada? Y al frente, repartidos entre sillas aún vacías, miran los hombres solos: ciudadanos ajenos al mínimo *glam*, arrinconados en un mundo pequeño del cual han sido echadas las mujeres. Gente que mira y calla. Con una excepción: la parejilla *hetero* que se apapacha cerca de la entrada, paladeando el deleite de ser demonios ilegales en un infierno cuyas reglas aparecen más guangas de lo que uno creería. Dentro de un rato, los hombres solos tendrán su momento.

De las paredes cuelgan carteles plagados de forzudos, con leyendas más o menos predecibles. Digamos: *Real Men Wear Jeans.* Y la pista, que en la planta baja se ciñe a tres rectángulos estrechos, cada uno con su tubo metálico al centro, cuenta entre sus adornos diversas tiras de escarcha verde y una multitud de santaclauses de papel que cuelgan del techo, en la certeza de que todos los asiduos al Clandestine tienen regalos grandes por pedir. ¿Será por eso que, mientras los tipos miran a la pantalla como zombis helados, el tránsito hacia el baño es incesante? Siento de vuelta la comezón visceral que me recuerda la existencia de un par de riñones en mi convulso interior. Me pregunto: *¿Qué haría Batman en este caso?* Recuerdo a mis colegas y me digo: *¡Valor!* Pero al llegar al baño veo más hombres solos: uno que permanece quieto, recostado en el muro, y otro que ya vomita, no muy discretamente, dentro del mingitorio que despide corpulentos efluvios de amoniaco. La sola imagen sofoca los regaños de mis riñones, me deseo más suerte para la próxima y regreso a la mesa donde me espera la tercera lager, cariñosa.

El hombre y la mujer —una veinteañera que no debe de levantar huracanes pasionales en las calles, mas aquí tiene al menos madera de diosa— han subido a bailar, mientras las mesas son patrulladas por sujetos descamisados, seguros practicantes de obsesivas lagartijas y abdominales conexos. Uno de ellos camina lento, con el braguetaje a medio subir —o a medio bajar, no sé— y el porte altivo de quien se sabe parte del espectáculo. Han pasado dos horas, el ruido machacón que fluye sin cesar de las bocinas se ha vuelto soporífero para quien, como yo, no planea bailar. Y es ahora cuando los que danzan se van sentando para ver el show. Cuando el mesero trae la cuarta chela, le pregunto por la naturaleza de la función. Su respuesta es parca, helada, quirúrgica: *Strippers, desnudos totales con erección y regadera.* ¿Se trata de un espectáculo, digamos que, interactivo? El canalla mesero se sonríe: *Pues, digamos que, a veces…,* y tras acomodarse los huesos de la entrepierna concluye: *A veces no,* y se caga de risa. Me incomoda la idea de quedar mal con los colegas, pero en casos como éste ciertos observadores precisamos distancia. De manera que cedo amablemente mi mesa para quien quiera ocuparla y retrocedo todo lo necesario para abstenerme de participar en un espectáculo que honestamente ya me asustó. Para más amplio *freak,* descubro al caballero de la bragueta escotada trepado en la pista, derribándose pantalones, tanga y suspensorio para, con lujo de lujuria, tallarse sobre el tubo de metal. Súbitamente se respira un aire más pesado, cual si éste fuera el momento escogido por los humores corporales para rapelear por el ambiente y contaminarlo de la clase de pesadez que precede a lo que los moralistas llaman *perdición* —más parece, por cierto, encontronazo.

No bien el desnudista, puñetero de alta escuela, toma la ducha por asalto, la pantalla proyecta la imagen más quimérica de la autosuficiencia: el actor se practica un perfecto *candado,* que como todo el mundo lo sabe consiste en combinar la tradición oral con el autoservicio. Algunos espontáneos se arriman al remojón, como quien piensa ya en lanzarse al ruedo y devorar no sólo con los ojos al bailarín burlón. ¿Solitarios? Ni tanto. ¿Quién que sea visitado por su monstruo mayor puede considerarse solitario? Cuando checo la entrada y descubro que la pareja se ha largado, me miro abandonado como Santa Claus en el día del niño. Busco sin esperanza que aparezcan por algún otro rincón. Y ni modo de preguntarle al atareado vecino de la mesa de junto, que no parece ser la clase de persona que se permite hablar con la boca llena. Quiero decir: ¿alguien sería tan amable de sacarme de esta película? Muérome, mis amigos, por salir y cruzar a zancadas la Alameda desierta de santaclauses, escapar de avenida en avenida camino a mi recámara y recurrir allí a una lectura clásica y relajante. El *Archi*, por ejemplo.

Arigato Hara-kiri

Hay quienes aseguran que para desenmascarar a un mentiroso sólo hace falta ponerlo a cantar. Es imposible, dicen, mentir mientras se canta. Los críticos se rompen las neuronas, que no siempre son muchas, analizando los motivos por los que *Mr. Fame* es buen o mal cantante, pero toda intuición más o menos alerta puede advertir la falsedad que se agazapa tras los gorjeos del advenedizo. En el canto, como en el beso, no parece existir la mentira perfecta, puesto que ambas actividades exigen renunciar a la comodidad de la certeza para saltar a un precipicio que en el fondo tal vez ni fondo tenga. Cantar y besar son, cuando se hacen al mando de la pasión, quehaceres que nos exponen a que una legión de acomplejados se ría de nosotros.

¿Dejad que los panchos vengan a mí? Su amigo y humilde narrador acredita una breve y poco afortunada experiencia en esto de los trinos. Sobre todo si hay público presente. Desde aquella lejana mañana en la iglesia de Coyoacán, cuando alineado con decenas de mocosos berreó el *Benedictus Fructus Ventris* en pleno día de Su Madre, resolvió refugiarse en el silencio prudente de los desentonados, apenas roto en ciertas infames guarapetas, durante las cuales uno suele sacar sinceridades poco afortunadas. El caso es que vivimos impreparados para probar el estrellato al que todos tenemos derecho, de

modo que cuando éste llega no hay forma de salvarse de la hoguera del *pancho*.

Permítanme, antes de seguir, hacer algunas precisiones en torno a la palabra *pancho*. Para quienes lo hemos protagonizado en múltiples ocasiones, trátase de una vivencia tan temible como indispensable. Encadenados a una sociedad que de oficio reprime toda honestidad cruda, los *pancheros* sobrevivimos bajo el disfraz de una circunspección a prueba de enervantes. Sabemos, *aparentemente*, conducirnos, medirnos y someternos. Hasta que un día viene Satanás y nos empuja a desafiar al ridículo, ya sea zapateando sobre una mesa, leyéndole poemas a la mesera, vaciando la vejiga en media fuente o aullando *malagueñas* en el camellón. Esto es, armando *panchos*. ¿Qué puede hacer quien ha nacido *panchero* pero no se resigna a envejecer abandonado por familiares y amigos? Los japoneses, cuya sabiduría es madre de la cultura samurai y las pantallas de alta resolución, tienen un gran remedio: el *karaoke*. Lo cual es más o menos parecido a un *seppuku* social, sólo que a diferencia del *hara-kiri* ortodoxo, la terapia *karaoke* tiene la ventaja de ser ciento por ciento reversible. Al día siguiente, nadie recordará nuestro descrédito.

¿Han estado ya ustedes, mis amigos, en un legítimo Cantabar? Si acaso su respuesta es negativa, me atrevo a sugerir que no han vivido. Acostumbrados como estamos a contemplar los espectáculos de quienes se preparan a conciencia para el *Big Time*, no imaginamos lo que puede suceder cuando quien asalta cámaras y micrófonos no es *Old Blue Eyes*, sino el pendejo equis que le manda rosas a la primera cacatúa que comete el error de sonreírle.

No hay un gramo de mentira en el Cantabar. Con la memoria todavía fresca y el bolsillo aún caliente por causa del soborno salarial, los ocupantes de las mesas vecinas no se conforman con mirar el espectáculo que transcurre allá, en el pequeño escenario donde una familia de borrachos lo hace todo, que no es mucho, por resucitar el espíritu del grupo Flans —en el no concedido supuesto de que algún día el grupo Flans haya tenido espíritu— de manera que cantan y cantan y cantan. Así, las vocecillas de la familia al frente, cuya imagen está en cada monitor, van poco a poco adelgazándose, para que cada quien pueda quedarse solo con su intento patético, en el mejor sentido de la palabra. Porque uno necesita entrar a un Cantabar, empujarse esos vodkas de poco acreditable procedencia y aflojar uno a uno los cartílagos para entender que la palabra patético tiene su buen sentido.

¿Cuándo es bueno que los demás sean patéticos? Cuando uno también lo es. Sin embargo, antes de darse al fasto del patetismo, uno debe dejar atrás su pasado torquemadista. ¿Quién no ha sido, antes de balconear su vena de *panchero*, censor ácido y oficioso chivato de las desmesuras del prójimo? ¿Quién no se ha carcajeado de la forma de bailar de los demás? ¿Cuál de ustedes, amigos del *High Cool*, no ha compartido la vergüenza ajena que naturalmente causa un concurso de aficionados? Pero dejemos esos traumas atrás, que si un día reprimimos otros alborotos, es preciso que ahora reneguemos de ese negro pasado e invadamos las sillas del Cantabar: pagoda *demodé* donde el alma da a luz —acá entre nos, aborta— los frutos ilegítimos del sentimentalismo.

No sé quiénes, entre mis vecinos, estén aún en sus cinco, pero vale inferir que mínimo traen media tella dentro. Unos acuden al escenario mesándose el pelambre y soltándose dos, incluso tres botones de la camisa. Otros hacen oscilar manos y brazos desde su silla para jurar que *Mi niña cree en mí*. Pero nadie se ría, que cada uno tiene su historia. Y es más: de eso se ríe, cuando le convendría más pensar que con alguna suerte vivirá aquí momentos estelares de su existencia. Porque si ustedes pueden, al estilo de esa tetona espectacular que canta convencida de que ella y nadie más es Estela Núñez, plantarse ante la cámara y hacer volar el saco a la hora de pedir *un aplauso para el amor*, entonces muy probablemente sean capaces de cualquier cosa. No hay en este mundo límites para quien sabe armar un *pancho* como Dios manda.

Reconozco, Señor, que soy culpable..., díjeme por lo bajo mientras reunía valor para hacer aquello que estas líneas a gritos exigían: reventar la barrera de la objetividad. Mis compañeros de mesa, todos ellos profundamente avergonzados, y más que nada temerosos de ser descubiertos en la clase de sitio al que por tradición consideran ilícito, me miran con zumbona persistencia, y llegado un momento límite sentencian: *¡Te paras a cantar o nos largamos!* Pido nueva estocada y me pregunto cuántas requeriré antes de realizar El Panchazo. ¿Cuatro, seis, ocho, quince? Algo más adelante, cuando tome el camino del escenario, seguiré preguntándome cuántos fueron los vodkas que debí de empujarme para tomar tamaña alternativa.

Uno de los recuerdos más punzantes del estrellato espurio no es el sonido, ni las carcajadas, ni los aplausos que se gana todo aquel que osa encarar el ridículo con la frente alta, sino la luz. Es como si un arcángel se apiadase de ti justo entonces, en el negro nadir de tu existencia, y enviase hasta tus ojos un halo redentor, de manera que ya no puedas ver los gestos y los dengues de tu público, y entonces vueles hacia dentro del cerebro, sólo para advertir que el paisaje se borra y dejarte ir hacia un remoto pabellón de la memoria donde resuenan las palabras que nunca pretendiste aprenderte, y por ello tal vez jamás olvides: *Yo he rodado de acá para allá...* ¿Qué estoy haciendo? No lo sé. No quiero saberlo. Sólo entiendo que mis amigos, en la mesa donde seguramente me aguarda un nuevo vodka, deben de estar mojándose de risa. Por eso levanto el brazo, me arrodillo, agito la cabeza y salto de ladito: presiento que sin todos estos dengues me llegaría el rumor de las carcajadas, la conciencia despertaría, me sabría sujeto del público descrédito y vendrían todos mis complejotes juntos a atormentarme.

¿Alguien sabe cuál es la técnica primaria para dirigir porras? Sencillamente, conservarse impermeable al ridículo. Cuando un animador de multitudes comienza su carrera, debe sobreponerse a la indiferencia y la burla de los cobardes que nunca se atreverán a pararse sobre una silla para gritar una festiva estupidez. Una vez que el pastor alcanza el mínimo poder de convocatoria, todo se vuelve fácil, y en un rato es el público quien le pide que siga en esa silla. Y bien, mis cuates, tal es también la fórmula para ganar prestigio en el Cantabar: soltarse la melena y que se joda el mundo. El público tendrá que pedir más, los meseros verán sus propinas crecer y no faltará el alma gemela que les obsequie un trago agradecido. Cuando salgan, es posible que ni siquiera sientan la patada letal de la intemperie. Lo cual es muy normal, vista la matazón de complejos que habrán verificado bajo los reflectores.

¿Ha probado alguien la sensación de ligereza que sigue al *pancho*? Si su respuesta es negativa, le invito a no privarse de tan fino placer. Por lo demás, sus relaciones sociales no menguarán, al contrario: sus amigos ya no querrán salir sin ustedes. Al menos eso es lo que quiero pensar ahora, mientras mis compañeros de farra insisten, una hora después de haber abandonado el Cantabar, en taladrar la noche con los coros de un sonsonete inmundo que por pudor no nombro.

A una yarda de Penélope

Yarda: especie de matraz que rebosa cerveza,
muy de moda en los setentas.

Llegaste muy temprano, labios recién pintados de un rosa refulgente, traje sastre, tacón alto, bolso fucsia, uñas blancas, todo en su sitio para despegar hacia un cielo que resplandece a no más de seis yardas de aquí. Eran las seis, puede que las seis quince cuando el hombre de la entrada te bienvino con la clase de familiaridad que una mujer como tú tiene que rechazar. Porque tú no eres la clase de chica que le agarra confianza a un extraño en un bar. Ya bastante haces con venir sola, sentarte sola, pedir una yarda para ti sola y encender el cigarro que te acompañará mientras dejas de estarlo. Seis y media, siete. Los fotógrafos le llaman *la hora mágica*, los zorros del camino *la hora cero*, los borrachos *la hora del amigo*. De una u otra forma, es como si el crepúsculo le negara espacios a la soledad, sólo para vestirla del color de tus deseos. Por eso las mujeres de oficina no se maquillan con verdadero empeño antes de llegar a su trabajo, sino mucho más tarde, cuando los tonos de la tarde desfallecen y anuncian, victoriosos, que se acerca entre heroicas fanfarrias la hora de salida. No más llamadas, ni más memoranda, ni otro *síseñor* el resto de este día. Y oculta en ese tiempo muerto que separa a la *mano de gato* en la oficina de la *mano de puerco* en el hogar, espera aquella cita de la que nadie sabe. No hay libertad más amplia que la del cautivo. Sobre todo si los demás, los que nos aman y los que nos detestan, ignoran totalmente lo que hacemos con ella. La pasión come más en la penumbra.

Niza está intransitable. Los conductores se amedrentan con las defensas, se arriman las salpicaderas, se acaban el embrague de parada en parada, mientras un enjundioso batallón de lavavidrios avanza disparando jabón al enemigo hasta sacarle un peso de la bolsa, del cenicero, de un sentido de la compasión que a esta hora ya va maltrecho y malherido. Pero lo que es a ti la calle ni te toca, y aun si tu silencio y tus ojos infranqueables te mantienen a salvo de mesas que, como ésta, se hallan a muchas leguas de tus sueños, basta con advertir el orgullo con que miras al espejito para saber que el chico del suéter de grecas habrá de volver solo a su lugar.

¿Me invitas a sentarme, amiga?, dispara, con la sonrisa franca de un vendedor de biblias, el chico del suéter de grecas, acaso sabedor de que una mujer sola es un ángel que aguarda a Lucifer. Pero Lucifer dijo que vendría, y tal parece que, comparado con el hombre del trinche, el chico del suéter de grecas no merece más mueca que tu mejor desdén.

Estoy esperando a mi novio, mentiste sin mirarlo, presa de una de esas soberbias cuyo añejamiento las torna mortíferas.

Así te dieron las siete y cuarto: esperando. Tu cerveza entera, tu botana intacta, tus labios centelleantes como anunciando que tu momento no había llegado, pero vaya que llegaría. Mejor beber cerveza tibia en compañía que dejarte vencer temprano por lo que a otros podría parecerles ruidosa evidencia: en este momento hay miles de mujeres en el mundo que, como tú, están plantadas. ¿Qué nos importa si tu cita era más tarde (lo cual no es cierto), si viniste muy temprano porque así lo quisiste (lo cual nadie creería), si contemplas entre distante y entretenida las rotaciones de la pareja que baila sola sobre la pista? Para todos nosotros, eres una *plantada*. Es decir traicionada. Es decir solitaria. Es decir disponible. Lo demás no interesa, porque aplomos así los hay en todas partes, y tus pupilas indiferentes y tus párpados esquivos y ese cigarro extralargo entre los dedos no alcanzan para liberarte de la tiranía del mercado: tus ojos son sujetos de ofertas y demandas.

A ratos te levantas, caminas, te detienes y estiras la mirada, como considerando que tu pareja bien podría estar en el bar al otro lado de la calle, también solo con su yarda. Pero tú y yo sabemos que semejante entuerto no es probable. Además, si realmente dudaras, no te conformarías con mirar; cruzarías la calle y buscarías mesa por mesa el traje azul de quien pensaste que moriría por venir y nada que viene. Y son las siete y media. Y entonces tu impaciencia se trasluce porque tú así lo quieres: de algún modo tienes que hacernos saber que no estás sola, ni desocupada, ni desamparada. ¿Por qué a la gente le avergüenza la soledad? ¿Nos da pánico la piedad ajena o nos causa pudor la desnudez propia? ¿No te sentirías mejor si, en lugar de montar una función ante toda la gente que según tú te tiene sin cuidado y por supuesto no te cree, decidieras esperar a tu pareja con una o dos yardas embodegadas, dejándote rozar por el sedoso desparpajo de quien se tiene a sí misma?

El Yarda's Bar es uno de los últimos reductos del candor en una *zona* que jamás fue cándida, y así lleva en el nombre un color que igual sirve para describir a la inocencia que a la putería: *rosa*. Infestada de bares entre grises y payos, donde mujeres no siempre antojables tallan sus encueradas moles contra los torsos de hombres sudorosos que no quieren llegar a sus hogares, la Zona Rosa conserva apenas los congales propicios para que las vendedoras de rosas rojas apliquen la extorsión espiritual a sus asiduos: *Si no me compras, no amas*.

Pero no está la noche para flores: estás sola en Las Yardas y te levantas de la mesa para sólo viajar al tocador, con el anhelo cinematográfico de, al volver, encontrarlo a él con un ramo de rosas casi tan grande como la excusa que te devolverá la sonrisa y la seguridad y el placer de decirnos a nosotros, *los otros* —habituados a espiar a los idilios desde la porqueriza de la envidia—: *¿No que no, punta de mediocres?* Pero evidentemente vuelves sola a la mesa, cada vez más rodeada por extraños que brindan, vociferan, empújanse las yardas sin reparar en la *plantada* que hace una hora todavía era noticia. Al dar las ocho, tu figura se parece a la de tu yarda: despojada de los atributos con los que llegó hasta allí, ha dejado de ser antojable y sugerente, hasta volverse parte del mobiliario. ¿Qué hacer cuando esto pasa? Claro: se para uno al teléfono. Quienes, como yo, todavía están pendientes de tus movimientos, pueden ver la verdad tras la inútil determinación con la que marcas los n-ú-m-e-r-o-s (el aparato acariciándote la oreja sin que suene un *te extraño*, un *te necesito*, un *ahí te voy*). Todos alguna vez hemos sido plantados en un sitio público, y no pocos sentimos el impulso de justificarnos ante los ojos impúdicos de los otros, que como ya sabemos nada saben: *Debe haber una explicación.* Pero la soledad, igual que la desgracia, no ocupa las razones. Infamia inminentísima, la soledad se basta para explicarse. La soledad es un huracán, y los huracanes tienen voluntad propia.

Forastera del furor, lo haces todo por no mirar a la pareja que se besa a tus espaldas, pero ya ves que los besos, como la mayoría de sus actividades conexas, tienen la fastidiosa virtud de no dejarse ignorar, y aun así conservarse indiferentes. Estallan, nada más, no hacen falta ni ojos para percibirlos. Es como esas películas de guerra que mirabas de niña, sin explicarte bien a bien por qué las explosiones sucedían tan lejos de los cuerpos y sin embargo los hacían saltar por los aires. Y es que los besos, como las granadas, lanzan tantas esquirlas en su entorno que no hay un solitario que se libre de recibir al menos una de esas punzadas de premura, o envidia, o ansiedad. Lo que sea, menos permanecer como extranjero en el más soberano de todos los reinos.

Temo ser, en momentos, el único indiscreto que te mira, mientras en torno nuestro se multiplican los motivos para celebrar. La gente lanza porras, alza yardas, entona la canción azucarada que ha enviado a una docena de parejas a la pista, entre globos, peluches, serpentinas y demás invitados de honor a las fiestas infantiles que, quizás por el hambre de infancia que aquí somete y reina, lucen tan añorables. ¿Es la infancia el santuario de la inocencia y la ternura? No, pero la memoria es tramposa, y más aún el miedo a la soledad. De modo que te ves, igual que yo, del todo prescindible para esta turba que ya dejó atrás el día y la oficina y las deudas y el compromiso de estar en la casa temprano para ver la telenovela juntos. Han sonado las nueve y media cuando al fin te decides a pedir la cuenta.

La talla de la soledad también se mide por el tiempo de la espera. Nada tan delator como tu paciencia, pero es cierto que no eres la única paciente. Cruzando la pista, en un rincón donde tres hombres discuten a ladridos, el cuarto de la mesa te mira con la vivísima esperanza de que, ahora sí, devuelvas la sonrisa, le aceptes una rosa, le permitas pagar por la cerveza tibia y la botana intacta. Y te dejes caer en las grecas de un suéter que, como toda tú, no ha hecho más que esperar.

Diez de la noche. Media hora después de haberte visto salir de aquí, pido mi cuenta y llega el momento de explicar por qué o para qué diablos te planté. Qué ganaba con anunciarte que traería un traje azul marino. Que tenía el pelo chino y la barba crecida y trabajaba en un banco y en fin, no era normal que se cruzaran las líneas del teléfono; un azar como el nuestro bien valía una yarda. ¿Creíste que mi nombre era Jorge Carlos? ¿Que me aparecería en punto de las seis? ¿Pensaste por casualidad que yo, que no tenía rostro, podría encajar en el de Ulises? Tú y yo no lo sabíamos, pero es cierto que, tal como corazones y globos lo señalan, Cupido es un cliente habitual de Las Yardas, y cualquier día se encarna en un mentiroso anónimo ¿Lucifer? No ha venido últimamente. En cuanto al verdadero Ulises, se le ha visto caminando por Niza, con un ramo de rosas y un suéter de grecas.

Hinchas del marcador

Hay dos tipos de amantes del deporte: los que gozan del juego y los que vibran con el marcador. Curiosamente, quienes desatienden el promedio de bateo por admirar el swing del pelotero son socialmente vistos como conformistas. En la era de la enfermiza competencia, lo que importa no es gozar en la cancha sino volver de allí con buenos números. La felicidad, tal como se la entiende bajo el gobierno absolutista de la materia, consiste en un conjunto de promedios que resumirán con precisión digital lo voluminoso de nuestras victorias, particularmente porque será siempre más fácil revelar el número de bocas que hemos besado que describir el gozo inmarcesible de mordisquear, hasta perder la cuenta, esos labios esquivos por cuya húmeda causa hemos renunciado a todos los torneos del universo. En el gélido edén de la aritmética sólo es inolvidable lo cuantificable.

Pero antes que grandes nichos de victorias, los torneos son fábricas de perdedores. Cada trofeo, cada medalla, cada podio supone la existencia de un ejército de frustrados que quiso y no pudo. ¿Cómo reconfortar a tanto derrotado? A falta de charolas y cheques para todos los que compitieron, los vencidos tienen un bálsamo cuyo consuelo expresa la talla de su esfuerzo: números. *El verdadero reto es contra ti mismo*, aseguran los expertos en motivación laboral, con el cuestionable argumento de que la satisfacción del deber cumplido vale más que un Ferrari en el garage. Existe una palabra que resume la idiosincrasia de quienes ven a los números como el vivo registro de la felicidad humana: *yuppie*. Originariamente, la palabra se pronuncia *iopi*. Por eso los genuinos yuppies criollos se esmeran en la forma de escupirla. El resto de los competidores, gente cuyas ambiciones materiales y sociales se sostienen más en la fuerza de un *slogan* que en la siempre remota realidad, pronuncia la palabra tal como la leyó: *llupi*. Puede que sea por eso que la sonora mayoría de quienes hoy nos acompañan en este popular bar lo hagan plenos de una ilusión conmovedora, por quimérica: verse a sí mismos, y más que nada ser vistos por los otros, como esos ambiciosos, materialistas y despiadados ganones cuyo ejemplo será seguido y envidiado, así sea de lejecitos, por la totalidad de sus congéneres. Esta noche, dura como sólo el final de la quincena sabe serlo, vamos a pedir visa en la República Democrática de los Aspirantes: el Yuppie's Sports Cafe.

¿Saben ustedes, mis cuates, por qué se vende tanto la revista *Hola* en un país donde los únicos legítimos nobles son estigmatizados como *pinches indios*? Pues por la principesca razón de que entre los plebeyos sobran los cortesanos aficionados. Mientras los infelices monarcas van por su vigilada existencia cargando las cadenas del qué dirán, el peladaje goza venerando sus fotos, husmeando en sus festines, desvelando sus cuitas, envidiando sus yates, comentándolo todo con quien se deje. Acaso sin saberlo, el eterno aspirante a yuppie no es un beneficiario de sus triunfos —los cuales nadie ha visto— sino un becario de su providencial anonimato. Porque el príncipe Carlos sabe que va a morir disimulando mal las astas que engalanan Su Real Frente, pero los aspirantes a yuppie gozan de la prerrogativa de ocultar hasta sus más gritonas carencias. ¿Ya checaron, mis cuates, el viejorrón que acaba de recorrer con ojos brujos nuestra nutrida mesa? Pues ahí donde la ven, se muere por saber de *sus* trofeos. Los de ustedes. No es preciso enseñárselos: a juzgar por sus notables credenciales de aspirante, la chica está ganosa de creer cuanta patraña se nos antoje confiarle. ¿O qué? ¿Van a creer que semejante chuletón jamás dice mentiras?

El Yuppie's, a todo esto, tiene ciertos parientes. Sus creadores, propietarios de los Angus —famosos por la disponibilidad de su excelente carne—, saben lo que a nuestros abuelos les fue revelado desde sus años tiernos: *Alumbran más dos piernas que veinte linternas.* Ya con esa experiencia ejecutiva, el Yuppie's ofrece a sus clientes una seguridad sin vuelta de hoja: por jodidos que estén, aun si falta el dinero, sobran los años y apesta la boca, siempre habrá un guiño, unos muslos, una sonrisa presta a mejorar sus números viriles. No se trata, señores, de huir con la mesera o con la cantinera —caballeresco afán, muy popular entre los perdedores de abolengo— sino de, al menos, contarla entre los *ligues* de la vida y, cuando la soledad o las deudas aprieten, regresar, saludarla, esperar que recuerde el último propinón. Acá en el Yuppie's, igual que allá en el Angus, las empleadas conocen el valor de una sonrisa: sencillamente arroja buenos números.

Su amigo y humilde narrador encuentra procedente citar el caso de un pariente mandilón —*pussy whipped,* dicen y al propio tiempo explican los gringos—. Cada vez que visita la ciudad, el pobre maridazo pasa lista, bajo los ojos centinelas de su férrea señora, en el Angus, con la hormona prendida y un pretexto en los labios: *La carne es exquisita, nena.* ¡Cuán grande sería la dicha del coercido marido si una noche pudiera sentarse aquí junto, frente a la cantinera cuya ínfima minifalda delata inhibiciones aún menores! Pero el Señor, mis cuates, no cumple antojos, ni endurece mandilones. Además, quienes frecuentan el Yuppie's suelen ser cinicazos avezados: tipos duchos en las innobles artes de abordar solitarias, marear minifalderas, subastar corazones, regalar asteroides, prometer matrimonios, presumir patrimonios y describir fortunas que ni jugando al *Monopolio* lograrían reunir. Por su parte, las interlocutoras de estos galanes son también grandes artífices de la ficción. Es posible que estén solas, pero es aún más posible que en un instante dejen de estarlo.

Como todo aspirante a yuppie que pretenda algún reconocimiento social, los presentes son gente chambeadora. Más o menos conocidos en algún cantabar y un par de encueraderos vecinos —la Zona Rosa es rica en tetas al aire—, estos hombres vienen al Yuppie's no solamente con la trémula intención de ligarse a esta clienta o a esa mesera, sino también poseídos por el edificante afán de compartir lo que el menú del bar denomina *Meta Definitiva: triunfar en cualquier ámbito y adquirir notoriedad.* ¿Cómo se traduce tan noble propósito al idioma corriente de los parroquianos? Échenle *please* un lente a los guantes de Julio César Chávez. Ahora al anillo de Joe Montana. Y a la firma de Michael Jordan. Siempre al tanto de las grandes hazañas deportivas, el aspirante a yuppie es un fetichista irremediable: si bien su fe vive aferrada de las cifras, su admiración se centra en los objetos. *¿Cómo ves mi reloj? Es el modelo que traía Senna cuando se mató.*

La decoración del Yuppie's no lo hace un bar discreto, sino al contrario: La Cantina Que Todos Quisieran Tener En Casa Para Chupar A Toda Madre Con El Compadre. Entre maderas, cristales y vitrales, la memorabilia sobrevive vistosa, engalanada, politeísta. Y como normalmente el sitio luce lleno hasta los tenis, uno pronto se entera que hay miradas, conversaciones, asociaciones y suspicacias bastantes para pasar perfectamente inadvertido entre la turba feliz —¿cómo no ser dichoso en un espacio donde cientos de hombres y mujeres persiguen exactamente un mismo fin?—. Y para no ir más lejos, reparemos en la pareja que lleva media hora de dirimir a lágrima viva una envidiable tempestad pasional, sin que a sus vecinos o a la cantinera les importe un *strike* el contenido de la discusión:

—Si yo no te quisiera como te quiero, ¿tú crees que estaría contigo? —solloza furibundo el hombre: un derrochador de bilis que recién madreó su plato repleto de nachos.

—¿O sea que otra vez tu esposa es la mala y tú eres San Pendejo? —ataca, despiadada, la mujer: regios ojos de serbia y dos piernas extensas que caminan seguras por el destino, y por eso se dan a profanar sacramentos y volar tras eternos imposibles.

¿Solitarios? ¿Ñoras? ¿Pollitas? ¿Reliquias ambulantes? Según anuncia el bar, el término *yuppie* se aplica a personas cuyas edades van de los veinticinco a los treintaicinco, aunque bien pronto aclara que la juventud no está en la edad de nadie. Detalle que ilumina una vez más el panorama de la clientela: el chiste no es contar con el dinero, la edad o la guapura; basta con *aspirar*. Ya luego el marcador dirá cómo les fue. ¿Plástico? Si no fuera por la prestancia de tan exquisito material, como dijo el gendarme: *ninguno estaríamos aquí*.

Para el golfo exigente, un sitio como el Yuppie's no es más —aunque tampoco menos— que una cantina elegante. Al fondo, a espaldas del vistoso *videowall* que proyecta las pimentosas incidencias del Yanquis-Orioles, una tribu de ejecutivos despeinados brinda por el ascenso de un sonriente colega. De ahora en adelante, sus números brillarán con luz propia: razón de más para considerarse, y esperar que lo consideren, un *yuppie* de verdad. Medio segundo antes de alzar su vaso para dar las gracias por la porra y por la gorra, el festejado anuncia su intención de pedir una ronda más de *Marathonics* y brindar a la salud de sus queridos compañeros perdedores. Si al menos uno de ellos pudiese cuantificar los tragos que se ha empujado de las ocho para acá —deben de ser las once y media: el Yuppie's hierve de aspirantes— la mesera gustosa les haría saber que la cuenta viene gorda y pesada como un remordimiento. Pero es obvio que nadie entre ellos ha venido a mimar el recuerdo, sino a buscar el olvido, engendrador de las ficciones más costosas. Imposible predecir el triunfo para cualquiera de estos hombres: la fortuna no suele

ser benévola con quienes pierden rastro de sus números.

Sirenas de agua dulce

El mundo es un lugar tan intolerante que sus habitantes han construido en él zonas especiales, aisladas de la vida natural, y las han llamado *de tolerancia*. Como quien dice, *al otro lado de esas bardas todo está mal*. Reflexiones más bien desarraigadas que no tendrían mayor importancia si no lleváramos una hora y media perdidos por los suburbios de Aguascalientes, bajo una noche tan noche que calles y carreteras se han tornado ya dunas de un mismo desierto. Lo cual quiere decir que avanzamos un kilómetro tras otro sin encontrar un samaritano capaz de iluminar nuestra ignorancia y de una vez decirnos dónde mierdas están Las Violetas.

La zona más movida de una ciudad tan pulcra como Aguascalientes no ha sido exactamente el orgullo de los hidrocálidos. Antes, cuando las violetas de la capital del estado eran flores y sólo flores, ciertos hidrocalientes gustaban de partir hacia El Mar: escondrijo remoto, construido tras el cerro para rico regocijo de los alumnos del Tecnológico local. Fueron ellos quienes, luego de tantas y tan sugerentes mañanas echados a media colina para verlas tomar el sol en pelota, bautizaron a las sexonautas que allí habitaban con el poco galante apelativo de *ballenas*, y a la zona de tolerancia entera como El Mar: lugar a donde salen los cetáceos a asolearse. Pero todo se acaba, y más lo bueno. Una mañana, los alumnos del Tecnológico se miraron muy lejos del mar: la *zona* se había mudado de zona, con todo y cachalotes. Para seguro desconsuelo de propios y extraños, Aguascalientes había dejado de ser un puerto.

Siempre que le presentan a una hidrocálida, su amigo y humilde narrador tiende a olvidarse de la geografía, y dase así a pensar que se trata de algún elogio sensualista. Dueñas de un gentilicio que sugiere secretos y derramantes encantos, las hidrocálidas están geográfica y gramaticalmente obligadas a ser cualquier cosa menos frígidas. Sin embargo, las apacibles costumbres de su ciudad poco ayudan a desarrollar, ya en la práctica, la tácita promesa del gentilicio más *sexy* en la República Mexicana. Más allá de las nueve de una noche cualquiera, la ciudad se convierte en confabulación de ausencias. No cualquiera, además, encuentra divertido que le pregunten por Las Violetas. En las calles del centro, más de un joven formal se sonroja de sólo escuchar su truculento nombre; ya en las afueras, camino del aeropuerto, dos vigilantes han rehuido, no sin algún patente desagrado, el espinoso tema. ¿Voy a creer que no saben dónde están Las Violetas? Jamás han ido, dicen. *Ajá.* Pero está visto que quien se da a la intrépida tarea de buscarle la cola al Diablo, termina siempre hallando el objeto de su búsqueda. En este preocupante caso, han sido un par de amables artesanos del soplete quienes, mediometidos en el chasís de un carromato trémulo, guiaron nuestros pasos hacia la Zona que, luego de hora y media de patrullar en círculos Aguascalientes, antojábase mero mito conventual.

Los hidrocálidos han querido que el pecador, antes de postrarse ante los altos altares de San Fornicio, reflexione sobre la fugacidad de la vida carnal y la obstinada permanencia del espíritu. Nos hemos alejado de la carretera por un camino polvoriento, constelado de baches y hondonadas, que conduce a las puertas del camposanto. Sí, mis amigos: engalanando el sendero que conduce a Las Violetas se alza un adusto depósito de carnes frías, de modo que no es posible saludar a Eros sin antes haber pasado por casa de Thanatos. Sin embargo, ¿quién es el pusilánime calenturiento que, ya encarrerado el felino, se va a dejar amedrentar por unas cuantas ratas panteoneras? *No way*, señores. Contra lo que nos aseguraron durante el último retiro espiritual, la carne *no* es débil. Todo lo contrario, es poderosísima. De modo que llegamos a Las Violetas con el morbo y la moral en alto, desafiando a la parca y dispuestos a celebrar que aquí, donde seguramente faltan los fastos que de costumbre sobran en los negocios socialmente lícitos, habitan solamente mujeres ricas, ricas, ricas en tolerancia. Bienvenida sea, pues, la única virtud capaz de convertir a una aldea de bárbaros en una sociedad civilizada. ¡Salud por la tolerancia!

A la entrada de Las Violetas, un par de policías se asegura de que a ningún pelafustán se le haya ocurrido arribar al festín con más armas que las estrictamente necesarias para darle macizo y por todos los flancos al méndigo enemigo. ¿Qué clase de enemigo? El recato, mis cuates. Una vez que ha librado las aduanas de Las Violetas, uno sabe que ya cambió de normas, formas y hormas. Tal vez no *están* aquí todas las que, a la hora de la verdad, *son*, pero es incuestionable que *son* toditas las que *están*. O sea que si ellas son ya lo que son, uno bien puede darse, cuando menos aquí, a ser el que es. Ellas nos toleran, nosotros las toleramos y al final esto se convierte en un toleradero de pavor.

Mas no teman, mis cuates, que estas profesionistas no se distinguen por encimosas. Lejos de intimidar al visitante, las mujeres de Las Violetas se limitan a mirarlo sesgado, o a ignorarlo calculadamente. En el más galante de los casos, recurren al tradicional *¡Pssst! ¡Güero!* que tanto perturbó nuestras adolescencias. *¿Cómo, entonces, agilizan su inventario?*, se preguntarán ustedes, deseosos quizá de comprender las estrategias promocionales vigentes en la clase de mercado que privilegia discreción sobre ambición. Permítanme, a propósito, presentarles a Abraham, que esta noche será nuestra Conexión Hidrocálida. Solícito y jalador, Abraham nos asegura que puede conectarnos a cualquier señorita de la Zona. Cuestión de comprender la lógica del enchufe.

Abraham no es un hidrocálido, pero está más que aclimatado. Llegó de Juárez: una ciudad donde hasta los conventos practican con rigor la quinta virtud cardinal, que como ya hemos visto es la tolerancia. Zorro de innumerables gallineros, Abraham nos conducirá por un infierno que a las nueve de la noche tiene aún escasos condenados. Tres calles en forma de hache y dos decenas de congales donde se ama la quebradita, la onda grupera, la salsa y el culto sufridor a José José: allí comienzan las áreas sensibles de Las Violetas.

Como en todas partes, aquí hay clases, y muy bien marcadas. Sin embargo, la experiencia no aconseja ser clasista en un sitio como Las Violetas, donde los tragos, los cuartos y la prestación laboral tienen precios muy diversos de uno a otro leonero, si bien no siempre directamente proporcionales a su calidad. Me explico: en la esquina privilegiada, donde se yergue la orgullosa fachada del Marabú, los decorados son objetivamente superiores a, digamos, los del rústico club Tropicana. Recordemos, empero, que en los territorios del placer sensual la objetividad no vale gran cosa, y que sin una cierta dosis de subjetividad no hay lujuria posible. A las asistentes sociales que laboran en Las Violetas, no siempre favorecidas por un físico espectacular, uno puede quitarles todo, comenzando por las agitadas tarzaneras, pero lo realmente significativo no es lo poco que ustedes, señores, les quiten, sino lo mucho que deberán ponerles. Primero, la marmaja que inventa y alimenta la alegría. Después, todo aquello que su perversa imaginación logre añadirle a la experiencia de conversar, bailar, palpar, intimar y después, cuando ya estén de nuevo a solas con sus puercas culpas, recordar. ¿O creen ustedes que el gustado verbo *ponerle* tendría sentido si el ritual amatorio fuese sólo un quitar, sin jamás añadir? Máxime si, tal como sucede con los grupos de amigos que sellan el compadrazgo en templos como éste, la perinola opina que *todos ponen*.

Amén de ser un profesional de la mesa con maestría en relaciones púbicas, nuestro amigo Abraham es un aventajado consultor de antojos. *¿Cómo la quieres? ¿De dieciocho, veinticinco, treintaiséis?*, alardea y añade: *Si vas directamente con la chava, luego ya no puedes volver otra noche sin que venga y se te cuelgue. En cambio, vienes primero con-*

migo, me dices cómo se te antoja la dama y yo te la traigo a tu mesa.

¿Cuánto piden las violeteras por compartir un cuarto que cuesta poco menos que una hamburguesa? Digamos que entre cuatro y diez hamburguesas más. ¿Garantiza ese precio la calidad total? Niguas, mis cuates. ¿De cuándo a acá las cifras saben de placeres? Si a Neruda le gustaba intimidar notarios con lirios cortados, el caliente prefiere desnudarse de números y dejar que la medición se lleve a cabo por la meticulosa vía de los jadeos. ¿Dónde quedó el botón de los jadeos? He ahí el chiste, señores: hay que buscarle y voltearle, es preciso bailar y cabulear puesto que aquí, como en la vida toda, la satisfacción se halla justo donde nos indicó el señor cura: en el acto de dar.

No llegan forasteras a Las Violetas. Tiene uno que ser hombre y vestir como tal para turistear por sus tres calles donde se tiene la impresión de caminar por unos estudios cinematográficos. Como, al fin, corresponde a un reino de la ilusión. Todos los días, en punto de las seis de la mañana, las puertas de la Zona quedan cerradas hasta pasado el mediodía. Y después, cuando a estas mujeres que piadosamente han renunciado a la intolerancia de la vida terrena les llega la hora de recibir, comienzan, como siempre, dando.

Apenas se cumple la hora de abandonar el sumo santuario de la tolerancia en Aguascalientes, el Enchufe Hidrocálido remata: *Aquí hay de todo: buenos, malos, padrotes, pasados de vivos, y yo… pues yo soy bueno, ¿verdad?*

Muérdeme, Suzi

No hay guapa inmune al vértigo. En especial si el vértigo lo produce una Suzuki 1100 que vuela de cero a cien kilómetros por hora en 2.6 segundos. Más importante aún, por Insurgentes. ¿Qué mujer adecuadamente carburada no experimenta un íntimo mal de montaña ante la sola idea de aguantar mil centímetros cúbicos entre muslo y muslo? Suzi ruge y relincha frente al semáforo insoportablemente rojo mientras miras que a un lado, en el TransAm blanquísimo cuyo conductor sueña cándidamente con ganarte el arrancón, viaja una neorrubia que no para de mirar. Es una mujer bella, como hay tantas: maquillaje perfecto, sonrisita dentífrica, planes a largo plazo. Pero el motociclista no cabalga en busca de La Guapa, sino acaso de alguna con la misma cilindrada. Una que se retuerza con cadencia idéntica, que se vaya de lado en cada curva y se arrime al momento del arrancón, que sea también rampante y respondona y en resumen: que sepa aguantar vara.

Se equivocan las chicas que intentan competir con la moto de un hombre. Animales celosos, posesivos, pasionales, las motocicletas no aceptan competencia de nadie. Sencillamente les enferma perder. *Antes viuda que segundona*, le susurra Suzuki a su jinete tras verlo cerciorarse de que el pobre

TransAm se quedó bien atrás con su rubia ganosa y su galán ingenuo y todas las promesas con las que un embustero cajón de cuatro ruedas es capaz de embaucar a los incautos. Y en cuanto a las demás, esas geishas rugientes que de pronto se plantan junto a ella en el semáforo, Suzi es poco amigable: con trabajos acepta la cercanía de una de su misma clase, y ello por conocerla, calibrarla, ningunearla, vencerla, y saberse otra vez única, de nuevo inalcanzable, solitaria y veloz como una idea suicida.

Los jinetes habituales de estos magnéticos y antisociales fenómenos de Oriente distan, asimismo, de ser simpáticos. Tienden, de hecho, al despotismo frente a los extraños, e igual que ciertos *pitbulls* muerden a todo aquel que hiede a miedo. Con el espíritu tribal que alguna vez debieron compartir los adversarios del General Custer, el Jinete de Insurgentes tiende a comportarse con la serena cortesía de un matón de videojuego, la elegancia de una reina del porno, la paciencia de un camionero en crack y la siempre cosmética certeza de que *aquí la vida vale menos que la muerte, baby*. Una vez que se integra a la tribu —los motores rugiendo en intenso soprano, chillones cual taladro endodoncista— el Jinete de Insurgentes toma conciencia de su poder, y se dispone así a cobrarse, con los debidos réditos, cada una de las humillaciones soportadas mientras anduvo solo y vulnerable.

Los autos, las patrullas, los peatones, las bicis, la contaminación, la lluvia, los ladrones, la vía, los pizzeros, los topes, los camiones, los mofles, los marchantes, los lavaparabrisas: ¿quién no es un enemigo del Jinete de Insurgentes? Sin embargo, aun a pesar de la inquina que le rodea, nuestro héroe goza de un *status* que lo tiene gallardo y arrogante. Su máquina es costosa —los mejores juguetes jamás están de oferta— y él no simpatiza con la discreción. Lo de menos es si sus modales y pretensiones resultan, demasiado a menudo, equivalentes a los de un boxeador metido a diplomático. Tal como a veces pasa con los sapos (uno nunca lo sabe, cualquiera podría ser príncipe), el Jinete de Insurgentes embosca sus encantos bajo el casco: palmaria garantía de que trae cuando menos trescientos dólares sobre los hombros.

Esta noche has oído el llamado de la máquina. Y ni modo, acudiste. Desde que oíste aquel *si quieres, te la presto*, el escozor volvió. Te acordaste del casco, los guantes y las botas: arrumbados arriba, en esa zona del armario que tu familia se niega a recordar desde el *bendito día* en que vendiste el monstruo. (No es fácil deshacerse de una moto; antes hay que encontrar un comprador con comezón, billete y decisión. Más difícil resulta todavía soltar los accesorios, entre otras cosas porque son ellos, antes que la moto, los que hicieron de ti un motociclista.) Cuando menos pensaste, ya estabas cabalgando.

No hay Harleys en Insurgentes. Y es que los caballos gringos, igual que los alemanes, no sólo se las ven negras para pasar entre dos cajas cuadradas —en todo Insurgentes los carriles son estrechos y los conductores hoscos—, sino que su mitología difiere notoriamente de la que une a los dueños de corceles japoneses o —¡venga a nos tu glam!— italianos. No es tanto la libertad, musa de sesenteros, quien seduce al Jinete de Insurgentes, sino su prima joven: la velocidad. ¿Qué hace entonces nuestro héroe en una avenida tradicionalmente congestionada donde jamás podrá rozar las cien millas por hora? Como todos los adictos a la presunción, el Jinete de Insurgentes precisa ser mirado, envidiado, y sabe que llegado el domingo por la noche, la tribu invadirá las avenidas. Las rectas de la México-Querétaro pueden ser tentación satánica, mas al caer la noche de un día para otros dormilón, la tribu está contenta huyendo así, en manada, de Insurgentes a Reforma, de Reforma a las Lomas, de las Lomas a Bosques: esa pista soberbia que abre todas sus curvas al bramido de un ciento de motores atrapados en la misma estampida. El Jinete de Insurgentes difícilmente vive en Bosques de las Lomas —territorio conservador, nostálgico, sediento de confort—, pero ello no le resta galanura para que allá en las calles de Hamburgo nativos y turistas lo miren como a un villano de tira cómica, y las pollitas salten de emoción si acaso dos así se paran, las miran, les sonríen, les piden que se suban, con el aplomo propio de un hada que da dones por deporte. Los *jeans* bien apretados y el cabello dispuesto a volar lejos, la tripulante trepa decidida, injertada en princesa que se deja raptar por el malo del cuento.

Hace treinta minutos que la tribu pasó y decidiste seguirla de la mejor manera, que es pegándote al dueño de otra GSX-R con equivalente cilindrada. Otra suicida Suzi, con los ojos redondos y el manubrio lejano para que al conducirla seas, tú también, aerodinámico. El dueño, claro, es un mamón y un pendejete, pero afortunadamente su casco Arai con la leyenda *Road Killer* no le permite hablar en favor de ambas hipótesis.

Las máquinas se anuncian desde dos cuadras antes. Un zumbido que crece, un rumor polvoriento de búfalos en brama, un asfalto que se abre para ser sólo tuyo, unos autos cobardes, una patrulla tímida: hay una pesadilla que ruge frente a ellos, mofándose de reglas, multas, cláusulas, artículos; de todo cuanto alguna vez fue visto como bueno por quienes a la muerte la compran en abonos. De un lejano jinete debió salir la orden: *¡Todos al Parque Hundido!* Basta medio minuto para que nadie ignore el derrotero. Y arrancan desbocados, desafiantes, desdeñosos de toda precaución. Allá van las 500, las 600, las 750, y más allá las grandes: 900, 1000, 1100. Atrás, lejos, ¿avanzan? las 250, a su pesar discretas. De pronto una derrapa, la humanidad del jinete se desliza maltrecha por el pavimento y en un tris los demás se olvidan de las castas: levantan al caído, lo interrogan, lo trepan en su moto y asumen de regreso la vieja jerarquía.

Pobres chicas. Se casan con señores *buenos y decentes* en busca de *una vida plena*, y cualquier día descubren que la vida se agita al otro lado del semáforo, detrás de algún manubrio inalcanzable. Tiempo de suponer que paladean el peligro exquisito de volar en las alas del demonio, con las rodillas tensas y las tripas convulsas y la sospecha húmeda de que un mal parpadeo la hará flotar de pronto como un ángel, así después se quiebre cada hueso y aterrice directo en el Infierno. Se enciende la luz verde. Suzi agita la crin, relincha, alza las patas delanteras y te pone de un solo golpe entre las nubes. Como si, al despegar, tu cuerpo se quedase rezagado y el fantasma siguiese acelerando. Lejos de la manada arrasadora, de nuevo solitaria y dueña de ti, Suzi olisquea el camino, deseosa de llevarte de vuelta a ese tiempo sin tiempo, ni historia, ni memoria, cuando llamas y alas eran la misma cosa.

Las sacras humedades

No he visto ni una flor de cementerio
en tan alegre procesión de luces.
Perdóname, Señor: qué poco he muerto!
CÉSAR VALLEJO, *Ágape*

Has abrazado un pino a medianoche. Has visto a tus pupilas como soles nocturnos. Has rezado entre flores en Getsemaní. Has rebasado luces casi siempre rojas. Has saltado a un vacío sin orillas, magnético y atroz. Has vuelto del abismo con un costal de asombros. Has creído en la magia como el único suelo concebible.

Hace ya varias horas que llegaron *los niños*. Velas y veladoras, vasijas y santitos, copal y leña fresca. *Los niños* son sensibles. Basta una luz intensa, unas manos groseras, un calor de motores, para que se intimiden y se mueran. Llegaron en dos platos, dentro de una cubeta rebosante de hielos. Eran pardos, inmensos, tentadores, sabihondos. El fuego apenas agarraba fuerza cuando el guía, solemne, te alertó: *Nunca comas un hongo en luna nueva.*

Dicen, los que no saben, que el hongo trae demonios. Pero no hay más engendros infernales que los que noche a noche has engendrado. *(El hongo no es temible, el temible eres tú.)* Era temprano aún, cuarto menguante. Tiempo de hacer limpieza, de alumbrar las penumbras, de unir a los contrarios. El ritual arrancaba entre silencios, con el guía rezando, repartiendo *a los niños*, prendiendo las bengalas metafísicas.

Tierra: sabor de tierra. Entre ácido y amargo, entre húmedo y violento, entre gestos y muecas mordías, masticabas, como quien abre anchas las puertas de su miedo, las alas en su espalda, la inocencia de su alma. *Están bien fresquecitos*, dijo el guía, cual si hubiese mirado en tus adentros. En tu falta de piso, en tu escasa confianza, en tu adulto maleado por hondas suspicacias y cuadrículas pardas. Así fue que supiste que ya eras pasajero de un vagón vacío de secretos. Como después sabrías, atónito y mimético, que en el reino del alma no hay transfiguración sin transparencia.

Pasaron diez minutos, quince, veinte, sin que nada pasara. Sólo el recuerdo fresco en la quijada de la tierra quebrándose en las muelas, el gusto convulsivo en la epiglotis, el placer ardoroso de probar lo prohibido con tal de sumergirse entre las aguas de un océano asimétrico y tenaz. ¿Cuándo fue que bajaron los niños de su Cielo para venir por ti? No sabes, no recuerdas. La música era tensa, orgullosa, estridente, cuando te levantaste y presentiste: *Ya llegaron*. Era una ingravidez, un desatar la lengua, un mirar los relieves de las cosas, reales e inverosímiles, inmensas e imposibles, elásticas y pétreas. Reconstruyes tus pasos, con el cd en la mano y el título en los labios: *Passion*. Revives las distantes percusiones entrando victoriosas en tu cuerpo sin mente. ¿Pensabas? ¿Razonabas? Seguramente sí, mas lo hacías a lomos de un pegaso invadido de intuiciones, de manera que cada pensamiento, traslúcido y fugaz, tenía la textura de una inmensa verdad.

El copal, suave y fino, trepaba sutilmente por el aire, mientras de las bocinas escapaba el rumor despacioso de una crucifixión. Las flamas te seguían, los techos te cuidaban, el Niñito de Atocha velaba tus delirios con el celo de un ángel de la guarda. Todo era una armonía silenciosa, una comunión tácita, un suave sobrevuelo por tu piel extasiada, tus mandíbulas trémulas y un hambre de infinito creciendo en los adentros mientras el humo del copal se extendía por la tráquea como un incendio fresco. Había muy atrás, acaso muy arriba, una campana terca, suplicante, entrando en tus oídos como el aroma fresco de un recuerdo imprevisto.

(Esto no es un festín, pobre de quien lo crea.)

A medida que el humo se adueñaba del cuarto, tu cráneo descendía, bocabajo, hasta casi rozar la piedra ardiente. Después jalaste, hinchaste los pulmones para que los ardores del espíritu en llamas te llevaran arriba, como el monje que busca, extraviado en su celda, una mejor ventana para mirar a Dios. Pero no has visto nada, no eres nadie, no sabes. Te miras entre el humo como a un imperdonable aficionado. Por eso es que te postras, en busca de los méritos que quizá te hagan digno de mirar lo que miras y sentir lo que sientes y salir a las calles totalmente vacías en busca de un milagro indispensable.

Allá está: complacido después de la tormenta, sus ramas socarronas, su madera mojada, su oscilar prodigioso. Hace frío y llovizna, dos milagros aparte porque tú sólo sientes las ganas de acercarte, acariciar sus hojas, estrecharlo, fundirte, ser como él tierra, lluvia, raíz, rama, semilla. Es un pino vetusto, de un verde adolescente. Es un jardín que crece cada vez que lo pisas, una tierra que grita cuánto le perteneces, un aire remojado metiéndose al cerebro como el beso improbable del lirio al despertar.

Afuera de este cuarto no existen los fantasmas. Volviste, luna fría eclipsada en las pupilas enormes, con una savia suave corriendo por las venas, urgido por las voces que no cesan, que te llaman de nuevo, que reclaman la vuelta de tus ojos al templo que construiste desde niño para mejor cuidar a la inocencia que afuera no paraba de sangrar. Cierras los ojos y contemplas a una mujer clara, como claros son todos los enigmas cuando se dejan florecer adentro. Sientes el aire turbio, pesado, contundente, y aunque tus pasos torpes se quiebran uno a uno todo en ti es ligereza, equilibrio, fulgor. Traes un incendio adentro, porque es fuego, y sólo eso, lo que cura tu carne y limpia tus heridas y te devuelve al sitio perdido en la memoria donde todo era limpio, profundo, transparente, donde no había palabras ni lógica ni rostros, donde el llanto y la risa no sabían de límites: solamente brotaban como un intenso azul. Te arrodillas y lloras, como lo hacen los santos cuando una luz sin cuerpo fulmina su interior.

El guía se levanta, murmura frases cortas en mazateco lento, terminante, doliente, pasa sus manos raudas por encima de ti. Miras su cara enjuta, su devoción sin nombre, los rezos despaciosos que emergen de sus labios como un antiguo bálsamo para un dolor eterno. Sientes la palma húmeda rozar tu palma fría, y entonces te descubres parte de una cadena: todos se han conectado, mano en mano, perplejos, todos dueños de un solo dolor en retirada, todos probando el fuego que calcina el horror. Hay un amanecer cayendo desde el cielo, y aunque afuera está oscuro no precisas palabras para saberte presa de un mismo resplandor. ¿Real? ¿Irreal?

¿Quién lo sabe? Reales son las hormigas que ascienden por tu carne cuando el hongo regresa, desde el centro del mundo, a jalarte de nuevo, a asustar a tus dudas, a tirar los teoremas que por años alzaste para integrarte a un mundo desierto de pasión.

Estás bajando lento la pendiente. Afuera, en el jardín, aún es noche cerrada. Súbitamente viene, como una amante inquieta, el abrazo del hongo pidiendo más de ti. Nadie como él conoce el ritmo de la sangre, los temores que acechan, los ángeles triunfantes al final de un trayecto cuyas íntimas grutas tienen todos los fuegos de un hondo purgatorio transformado en elíxires de íntima santidad.

Estado de inconsciencia, lo llaman los profanos, con la memoria quieta y el espíritu en Tylenol. Y cuando al fin desciendes y ves que el pasto es pasto, la carne pura carne y el copal un conjuro en retirada, sabes, aunque lo calles, que todo lo que es real es ilusorio, que el fantasma se asoma tras los autos, que casas y edificios seguirán existiendo en el pobre paisaje plano de la realidad, mas ya no habrá poder sobre la Tierra que los conserve libres de sospecha. ¿Los niños? En tu sangre (nunca se van a ir). ¿La vida? En otra parte. Lejos de los conceptos, cerca del corazón.

Disparen contra ese niño

Todo adulto es un niño descompuesto. A lo largo de una infancia invertida en tragarnos las patrañas de los grandes, crecimos aguardando por un edén mentiroso. ¿Cuántos cuentos chinos hubimos de comprar a cambio de una frase tan vieja y alevosa como *Cuando-seas-grande...*? Y después de tantas postergaciones, cuando finalmente nos las arreglamos para ser y parecer *grandes*, nos topamos con que es muy tarde para combatir el fraude o reparar el estropicio. Estamos contaminados de *madurez*, tenemos el disco duro irreversiblemente formateado por un malévolo dios terráqueo que nos ha condenado a com-por-tar-nos. ¿Dónde quedó la magia del instante siempre nuevo, las tardes largas y hechiceras como playas nayaritas, los años que tenían cuerpo de siglos, la noche indescifrable y a menudo terrible que permitía dar ciudadanía a fantasmas, vampiros y licántropos? Sospecho, mis amigos, que nos saquearon. Por eso hemos venido el jueves por la noche al Museo del Niño, fugazmente cautivos de la esperanza de revertir el saqueo. De lo perdido, pues, lo que aparezca.

Cuando pienso en la bazofia que aprendí en la secundaria, me pregunto cómo aún puedo pensar, escribió Paul Simon en la época en que muchos actuales adultos ni siquiera soñábamos en pisar aulas tan encumbradas. Excepto, claro, cuando nos daba por explorar nuestras capacidades y llegaba un adulto a prometemos que podríamos hacer todo eso y más, sólo que *cuando-fuéramos-grandes*. Después incluso, durante la temporada sudorosa en que uno se descubre a merced de escozores inmencionables, se nos dice que *aún no tenemos edad para esas porquerías*. Y es tarde, ya maleados por quienes pretendieron guarecernos de la maldad humana, que conseguimos acceder libremente a esas lubricidades que, si bien aún nos calcinan la hormona, perdieron ya la esencia fogosa de su mística. En semejantes circunstancias, la posibilidad de retornar a esos años heroicos en los que saltar bardas era siempre un milagro del arrojo nos parece ilusoria, cuando no risible (a los adultos nos encanta mofarnos de los sueños ajenos, aun en la certidumbre no siempre nebulosa de que igual nos reímos de nuestra desgracia). ¿Por qué dejamos tantos milagros truncos, tantas hazañas pendientes, tantos abracadabras olvidados al fondo del perol? Cualquier niño puede responder en dos patadas a esta espinosa pregunta: *Por idiotas*.

¿*Crece* en verdad la gente cuando crece? Quién sabe, porque a más de uno se le van encogiendo la sed de vivir, el poder de asombrarse y el instinto que antes, cuando aún no caíamos del árbol, solía perseguir a toda magia. Sintomáticamente, el jueves por la noche el Museo del Papalote se transforma en Museo del Papelón. Mientras los niños, libres de la tiranía mental de quienes los entienden como embriones virtuales, expropian sin complejos los haberes del museo, sus ancestros se dejan intimidar por algunas de las elementales maravillas de un mundo que había cesado de sorprenderlos. Educados en la cultura de la restricción, ahormados nuestros impulsos por el peso del no-deber, los *grandes* asistimos a una noche plena de prodigios, pero jamás libre de la apestosa envidia porque ahí están, frente a nosotros, esos adultos potenciales que no se arredran frente a palancas, pelotas, luces, cristales y cientos de objetos a los que, como indican los señalamientos, está prohibido *no tocar*. Frank Zappa solía decir que el elemento más abundante en el universo no es el agua, ni el aire, sino la estupidez. El Museo del Papalote es un caballeresco intento por dejar a la estupidez para siempre proscrita.

Su amigo y humilde narrador decidió un día, desde las milagrosas grutas de la infancia, que *cuando fuera grande* combinaría el ejercicio de dos profesiones de altísimo prestigio: mago y sabio. Los *grandes* lo aceptaron con la sonrisa en la boca, pero nunca dijeron que no había sobre la Tierra un plan de estudios capaz de satisfacer tales aspiraciones. Con la alquimia vencida por el escepticismo en el poder, mi destino difícilmente podría correr tras la huella de Merlín. Igual que los adolescentes de rostro purulento cuyo morbo vivió condenado al destiempo, los actuales adultos no podemos venir sino tras las migajas de una infancia cuya memoria se despierta atolondrada, inquieta y de pronto insaciable: pobre de aquel a quien le basten cuatro horas para servirse el chute de magia y ciencia que, gloriosamente confundidas entre sí, abren ventanas anchas a lo que el poeta nombrara *el olvidado asombro de estar vivos*.

Sólo faltan los pases y los drinks, observa un viejo sucio y treintón, mientras en torno suyo se alza una burbuja de jabón que lo cubre como ni en sus mejores pasones llegó a debrayar. O sea que no son los comúnmente retorcidos adultos, sino los siempre insólitos niños, quienes nos guían por el único museo donde los mayores de edad somos al fin la minoría reprimida (durante el resto de la semana, los vejetes sólo podremos ingresar al Papalote debidamente acompañados por un menor de edad). ¿A cuántos meses de tediosa enseñanza escolar equivale una sola visita al Papalote? Podría ser que a todos. Y hasta un poco más, porque aquí no hay más fuente de información que Su Alteza, La Experiencia.

Licenciados en sabiduría, doctores en quiromancia, maestros en chamanismo, los niños han venido a ejercer la dictadura de la imaginación. No podemos reprimirlos y tampoco tenemos un pito qué enseñarles, porque mientras nuestros conocimientos están documentados por todos los medios, los suyos permanecen olímpicamente secretos. Inmersos como estamos en este medioevo del racionalismo al que pomposamente denominamos *modernidad*, habituados a creer en el buen juicio de cualquier pendejo edificio inteligente, sólo en un sitio como el Papalote podemos sospechar que la infancia, con toda su pureza venenosa, contiene algunas de las más relevantes ciencias ocultas de nuestro tiempo, que para el caso es menos nuestro que suyo. Privilegiados seculares, armados como nadie para invocar al Hado, estos niños se fuman, en efecto, un cúmulo de asuntos científicos que a uno le pasaron de noche, indispuesto a la idea de gastarse la imaginación dando cuerpo a las enseñanzas de Física, Matemáticas, Biología o Cibernética —materias tan mayúsculas como inmateriales—. Mas no olvidemos que la ciencia y la magia, en otras épocas indisolublemente unidas, sólo han podido ser separadas por la prosaica necedad del racionalista —ese curioso frígido que no puede leer un poema sin separar al fondo de la forma, ni recibir un ósculo sin proceder a cálculos díscolos—. ¿Qué le vamos a hacer? Nunca sabrá el ginecólogo lo que conoce el poeta.

Pido asilo, se nombra la película donde Marco Ferreri traspasa las barreras de la madurez para ir a zambullirse entre los manantiales perdidos de la ternura —otra ciencia oculta, frecuentemente confundida con la cursilería corriente de esos adultos que para hacerse niños se fingen morones—. Hoy por hoy, el antídoto contra la madurez cuesta unos cuantos pesos, más otros tantos del niño que tendrá que acompañarnos y, si es tan gentil, contagiarnos de la voracidad de mundo que en una noche tenebrosa nombrada *madurez* vino un duende maléfico y nos arrebató. Podremos así entrar en un laberinto de texturas donde sólo la más total oscuridad nos permitirá *ver*.

(Ver dentro de los árboles. Ver la energía, la inercia, el magnetismo. Ver lo que no se ve, como los niños.)

Nos quedan dos opciones: acceder a lo improbable por la carretera de lo invisible y compartir así el estupor de Newton, o refugiarnos en la certidumbre del profesor de matemáticas que un día reprobó a Einstein, acaso por no ser lo suficientemente *adulto* para abdicar al reino del infinito.

Favor de no pisar al señor Samsa

Es una medianoche entre semana, los prostiterritorios lucen calmos. Unas cuantas mujeres, uno que otro prospecto de cliente y, como siempre, la patrulla que acecha, da vueltas, se estaciona. Los azules te fisgan, cual si sólo aguardaran la hora de clavarte. Metes freno y preguntas precios y condiciones; tarifas que se estiran para atraparte. *Desnuditos, posturas, sin prisas, papacito.* Precios que se repiten de territorio en territorio, con breves variaciones que raramente pasan del diez por ciento. Excepto en Insurgentes e Iztaccíhuatl, donde se ha emboscado una tribu con distintas ofertas: mujeres descaradas con la falda subida, el escote bajado, un seno al aire o el trasero total y panorámico. Pero los policías siguen quietos en su patrulla: mudas fieras que sólo saltarán al oler sangre fresca. Te paras y preguntas: el precio se ha elevado, la voz se ha vuelto grave. *Por la mitad te doy un francés en el coche.* Más allá, en la otra acera, esperan más mujeres de piernas angulosas y un conspicuo chipote en el pescuezo. Policías, travestis, merodeadores: diríase que *el gato y el ratón* es un juego entre hombres.

Primera, *clutch*, segunda, *clutch*, freno. Ya estás en Insurgentes, mirando la luz roja, mas de reojo adviertes a dos hienas hambreadas. No pasa mucho tiempo sin que se te adelanten y así, *discreta-*

mente, miren hacia tu coche y te lancen la seña. Cuando bajas el vidrio apenas los escuchas. *Párese ahí adelante*. Cruzas, pues, la avenida y te estacionas. Los policías bajan presurosos, te piden tus papeles, te invitan a permanecer adentro. *¿Qué infracción cometí?*, preguntas, ingenuazo. A todo esto, no traes licencia.

Todas las tiranías necesitan culpables, para eso los fabrican. En un instante negro, sin que la hayas llamado, una culpa sintética viene hacia ti, de la mano de un guardián presto a capitalizarla. *Está usted escandalizando con homosexuales*, brama, lleno de esa premura más bien ambigua que distingue a los negociantes de azul. *Usté dice si deja su vehículo y nos acompaña en la patrulla, o si aquí el oficial se va con usté...*, farfulla, un poco presa de la paranoia de quien debe alejarse de la escena del crimen, el conductor —mofletes pronunciados, bigotito, chamarra con el cierre bien arriba para que no le mires el número de placa—. De modo que ya tienes copiloto. Te irá dando instrucciones, con la mirada puesta en la patrulla que se rezagó treinta, cuarenta metros. Te ilustrará: *Son de tres meses a tres años de cárcel*. ¿Qué significa *escandalizar*? Según afirma gravemente tu captor, el solo hecho de pararte diez segundos en doble fila y *hablar con esa gente* ya es indicio sobrado de escándalo social.

Si es usté tan decente, ¿por qué habla con homosexuales? ¿Dónde vive? ¿Es casado? ¡Ora que lléguemos a la delegación le van a llamar a su señora para que sepa con quién se casó! Es entonces, a medio fuego cruzado, cuando caes en la cuenta de que estás en guerra. A partir de este punto, la lucha girará en torno a tus haberes: *Lo voy a registrar a ver qué dro-*

gas trai, escupe el chantajista, sediento de inventario y corte de caja.

Pos ái usté dirá cómo quiere salir de su problema, insinúa servicial el policía, mas su tono de voz es de un frío metálico que hace juego con sus ojos de chino, *orita vamos a carearlo con el homosexual...* Pero pasa que *orita* es tiempo lento, desesperantemente diferido, porque hace ya cincuenta minutos que circulas a treinta por hora sin destino preciso. Hora de preguntarte cuándo te pedirá que te detengas, te bajará del coche, te sacará billetes y monedas a patadas.

Excusando el pleonasmo, ¿cuánto vale un ratero patrullero? A juzgar por su protocolaria ignorancia —ésta sí escandalosa— el extorsionador que te acompaña no puede valer más de cincuenta pesos. Y eso porque te falta la licencia. Pero él ya descubrió que traes más de doscientos, y en fin, los quiere todos. Sólo que en una lucha como ésta —razones, amenazas, mentiritas— el ignorante tiene una mano amarrada. *Escribo de estas cosas*, le informas por octava ocasión. Su respuesta no cambia: *Usté debería traer un oficio de su periódico donde diga que tiene que hablar con homosexuales.*

Detrás del escenario, al otro lado del parabrisas, duermen calles estrechas, vacías de neones, ideales para que te asalten, te encueren, te maten a madrazos. Piensas: *Éstos son cucarachas, pero yo soy suyo.* Conduces un auto del que ya no eres dueño sino chofer, camino de un lugar que no sabes dónde está, y a medida que el paseo se alarga y no puedes leer el número en su gorra y la patrulla está muy lejos para ver sus placas, entiendes que los azules no *van a privarte* de tu libertad; ya te privaron.

Cierre ya su vehículo, porque usté aquí se queda, ordena tu captor apenas te detienes, entre carros chocados, en mitad de una calle que no sabes cuál es porque, ahora lo descubres, hace rato perdiste el olfato cardinal. Igual es la Merced que la Portales. Y así bajas, todavía discutiendo con el azul que alardea, gesticula, se ensaña, se rinde. Cuando el otro aparece —doblando por la esquina, sin patrulla— da la última orden: *¡Ayúdalo!* Un sudado billete de cincuenta mediante, el de los bigotes te devuelve la tarjeta de circulación y te pide que escapes en reversa. Dos cuadras más allá, descubres que te hallabas en Tlaxcoaque, la mítica guarida de rateros azules. Resoplas, te acomodas, te alejas concibiendo, fraguando, desechando la idea de volver y buscarlos. ¿Qué pasaría si, patrulla en garras, te vuelven a ver? Lo mismo que sucede noche tras noche allí, en nuestras narizotas: otro *tour* de terror, otro secuestro *soft* y los ojos estólidos del mismo chantajista. Nada fuera de lo común allí donde el terror es monstruo familiar. ¿Kafka? ¿Quién era Kafka? Un provinciano. Un costumbrista. Un *amateur*.

San Pedro y sus compadres*

Son como los árbitros: nadie los quiere. Excepto cuando su decisión, justa o injustamente, nos favorece. Comparten a menudo el trauma del chambeador nocturno, que se expresa en un cierto rencor contra el destino, pues mientras los demás duermen o se revientan o se reproducen, yo sigo aquí en la puerta t-r-a-b-a-j-a-n-d-o. Mas el portero antrero tiene una ventajilla sobre los desvelados: él decide si pasan o se quedan afuera; bastará su desdén para arruinarles la noche. ¿Qué tiene, pues, de raro que ciertos *night porters* lleven, por causa de su oficio y afinidades golfas consecuentes, vidas más arrojadas y, digamos, *comprometidas con la turbulencia*, que las de quienes simplemente salen a alborotarse la hueva?

Hay dos clases de porteros: los que laboran de noche y los que viven la noche. Ambos son patrimonio de la penumbra, pero mientras aquéllos con trabajos obtienen a cambio el analgésico del salario, éstos viven dichosos en su hábitat natural. Celebridades a escala local —es común que se pasen la noche oyendo a centenares de extraños proferir obsesivamente su nombre— los porteros nocturnos se saben dueños de dos llaves: la que nos libra

---

* *Los nombres fueron cambiados para proteger a los culpables.*

de la cárcel de la melancolía y la que abre las puertas del Edén. Miren a ese tumulto que muere por entrar: lo que no darían todos por bautizarle un hijo al pinche portero.

Carmen dejó su casa a los catorce. Venía del norte, pero se hizo de una pandilla de amiguitos dispuestos a asilarla. Sodomitas de una pieza, ninguno de ellos abusó de la chica, mas ella pronto halló la manera de sacarles partido a los citadinos. Necesitaba trabajar, y para ello el olfato le decía que era mejor la noche pero… ¿con catorce años? Solamente quien lleva, como ella, dos amplias recomendaciones por delante. Sin realizar más trámites, Carmen vio acreditada su mayoría de edad en los ojos vidriosos de la clientela. Pero las chambas no le duraban, unas veces por miedo a los inspectores, otras por causa de su algarabía natural y varias más por quitarse de encima las garras de un borracho cogelón. Fue así como rodó por tugurios de gustos y estofas varios. Para cuando cayó en el bar *nice* de Polanco —brava combinación: mucho *cash*, puros hombres— ya le había crecido el callo suficiente para resistir, al centro de la barra, los asedios de una horda de garañones *wannabe*, tras cuyos trajes pulcros y ostentosos se ocultaba un macaco listo para saltar sobre el primer escote que se asomara. Unos la piropeaban suavecito, otros se limitaban a abanicarle el contenido de la billetera, pero nunca faltaba el asqueroso decidido a embestirla a bayoneta calada. Por eso Carmen se pasaba la noche tequileando. Expropiando estamina. Nutriendo reciedumbre.

Nomás estando peda podía defenderme, y luego hasta madreármelos, aunque al final por eso me co-

rrieron. Los dueños no querían una bargirl; querían una puta. Imagínate que me decían "Órale, date una vuelta por las mesas, ponte flojita", y digo pues si quieren table dance *que me den otra lana, ¿no? Un día un idiota estaba necio que me quería coger y yo que le digo: "¿Por qué no te vas con tu madre, güey? Aunque tengas mucha lana no se te quita la jeta de naco, fíjate, y si me quiero acostar con alguien no va a ser contigo porque gua-ca-re-o." Esa misma noche ya estaba yo en la calle.*

Hoy, Carmen sólo chambea en congales gay, entre otras cosas porque *todas son jotas y algunas me odian, pero hay quienes me cuentan sus penas, me apapachan como si fuera su hijita, me llevan al 14 y bueno: po-ca-ma-dre.*

Mauricio vive en el Pedregal, pero no paga renta. Le prestaron el depto, dice. OK, no será en mero Pedregal pero está ahí a la vuelta y vamos: se llama Pedregal II. Todos los días, durante ese tiempo muerto al que los circunspectos llaman *horas hábiles*, los ronquidos de Mauricio rebotan en la puerta del armario donde se oculta, impecablemente planchado, el tesoro más preciado de un portero nocturno. Antes de cotizarse como filtro antijodidos, Mauricio ya vivía para servir a la noche. Por eso se gastaba los ingresos de su chamba diurna en dos prioridades básicas: la ropa y el reventón. Hasta que un día le ofrecieron su primer puesto de portero, y ello le permitió no sólo darse por completo a la noche y tirar majestuosa hueva durante el día entero, sino asimismo invertir más en ropa y hacerse cliente distinguido del peluquero. No hay semana en la que Mauricio, que se sabe personaje público, le falle al hombre de las tijeras, cuyo changarro está en el Pedregal y claro: cobra lo que se le antoja. Pero a Mauricio le hace un descuentísimo (¿me captas, brother?). Cuando llega a chambear, Mauricio se convierte en maniquí. Con los ojos flotando en un horizonte que se abre por encima de todas las cabezas, el portero sólo parece escuchar los gritos de sus amigos, y muy especialmente los de sus amigas. Sobra decir que casi todas son bizcochazos, y Mauricio las pesca de cintura y cadera con la bastante familiaridad para que hasta la envidia de los otros, mendicantes que aguardan detrás de la cadena, se torne reverencia. ¿Qué tenemos que hacer para penetrar esa licenciosa tierra de promisión y arrimarnos con éxito a aquellos dos bombones cuyos solos chamorros ya nos tienen tragando saliva, orgullo y camote? Una cosa, nomás: llevarlas con Mauricio, darle nuestro respeto y, cuando sea el momento, saludarlo, para inquina de todos, con el término *brother* por delante.

Azul, dice llamarse, pero seguro miente. Es más, nos está cabuleando, pero al final esa es justamente su chamba: engañar, chacotear, no dejarse torcer por los hombres, que como siempre *están pesados*. Azul tiene una gemela que, a diferencia de ella —quien precisó del tiempo y un bisturí— nació mujer. Cien por ciento. No obstante, eran idénticas, tanto que amén de compartir quimeras, aficiones y peinetas, solían sufrir ambas de las mismas dolencias. Lo cual nunca fue demasiado grave, hasta que la melliza se hizo señorita.

*No me lo vas a creer, pero a mi hermana le ve-
nían las menstruaciones y a mí me daban los cólicos.*
Tampoco es fácil dar crédito a lo que hizo la madre
de las gemelas cuando por fin acreditó el problema.
Agárrense, mis cuates: la mujer llevó a su hijo al ginecólogo. Unos años después, Alex y su mamá des-
embarcaron en una conclusión sana, aunque dolorosa: *Había que operar.* Con el amante patrocinio de
mamá, Alejandro se convirtió en Azul mediante una
de las cirugías más sacrificadas de nuestro tiempo: la
cada día más popular *operación jarocha.*

Evidentemente Azul, una de las pocas
ajarochadas que realmente nació en Veracruz, no
serviría para secretaria, ni para sobrecargo, ni para
consultora de productos Avon, aun si las hormonas recorren su organismo desde los quince años.
No tiene rastro de barba ni de manzana de Adán y
se ha construido un cuerpo en tal modo verosímil
que sus amantes, ebrios o sobrios, difícilmente pueden adivinar en qué se están metiendo, cuantimenos
con quién. A menos que ella —o un mesero envi-
dioso, que no faltan— les suelte la verdad
descalzonada y entonces Azul goce perversamente
de su desconcierto. O de las socorridas arcadas
vómicas que, jura ella, *son teatro de tercera.* A las
puertas del antro, Azul luce cual Barbie recién elec-
ta y coronada Miss Mattel. Sonrisilla y vaivén del
todo artificiosos hacen juego con un donaire que
sería perfectamente sintético si no habitara dentro,
desde siempre, una valquiria tímida y cosquilluda.
¿Quiénes pasan? La portera sonríe, con la impar
suficiencia de quien es aduanera del Edén y revisa
paquete por paquete. *Todos pasan, pero eso sí: a los
buenotes me los torteo yo. Antes que nadie.*

Súbditos de ocasión

Esta historia es de amor y comienza temprano. Como suele corresponder a historias de esta clase, la que aquí narraré no tiene el más elemental sentido crítico, tanto que hasta pretendo esgrimir tal carencia como un privilegio, y alego que a este amor le sobran los rigores. Conservo, sin embargo, la certeza de que, si la mirada crítica fuérame precisa, ni una sola de sus observaciones contradiría el sentimiento que gobierna estas palabras.

La conocí a las puertas de una noche estrellada, en esa etapa del florecimiento hormonal donde toda penumbra es deslumbrante. Ella tenía varios años más que yo, un batallón de reflectores encima y el poder que detenta una mujer en pleno uso y abuso de sus embrujos. Cualquiera que, antes o después, haya caído entre la telaraña de aquel embrujo impávido, tendrá que estar de acuerdo en que sus solos dones se pasan de obsequiosos. Lo cual ya era perfectamente claro aquella noche, cuando desde mis ávidos trece años la contemplé encerrada en la TV, tomando posesión del escenario, la concurrencia y yo, cada quien a su modo convencido de que en aquel tablado cantaba, correteaba, se estremecía una reina. Cosa que se confirmaría dos canciones más tarde, cuando a medio derroche de estamina la mujer echó mano de una toalla y procedió a secarse

la testa sudorosa. ¿Quién podía negarle a ella, la
diva que tenía en el centro de su repertorio una
canción escrita sólo para enseñamos a pronunciar
su nombre, el privilegio de hacer del escenario un
camerino y revelar ante la plebe atónita que las reinas, *My God!*, también sudan?

Pocos artistas, frecuentemente los que valen
la pena, juguetean con sus intimidades hasta el extremo de jugarse la identidad. Por eso, por la irrefrenable translación de sus cuatro extremidades in-
discutiblemente superiores, y también por su nobiliario desenfado, cuando mis compañeros de secundaria jugaban a elegir el personaje que, en caso
de haber nacido mujeres, habrían elegido ser, no
dudé en pronunciar el nombre de la única chica
que se había secado el sudor frente a mis ojos: Liza.

Uno de los factores que tornan místico al amor
temprano es su absoluta disposición a renunciar a
la vida en el nombre de la más lenta de las muertes.
Si Liza se jugaba su identidad allá, bajo los reflectores y hasta arriba del mundo, uno estaba espiritual-
mente obligado a corresponderle de la única forma
que le es dado a quien ama desde la oscuridad: re-
nunciando a ser yo por mirarme en sus ojos.

¿Alguien recuerda a Liza repitiendo el infini-
tivo *bumsen* frente a la misma cámara que hizo grande a Bob Fosse? Luego de poco menos de un par de
horas de dejarla almorzarse mis ventrículos en la
butaca del teatro Metropólitan, con las palmas ardientes pero aún aplaudiendo, me di a pensar que
había saldado una deuda con el destino (como si el
destino, del cual no nos es dado ver más que las
huellas, nos enviara un estado de cuenta) y así guar-
dé celosamente en la memoria cada una de las ve-

ces que, al mando de un candor contra el que mi alma no sabía guarecerse, Liza sonrió cual si en ese momento sus labios repitiesen *bumsen*. Es decir: *fornicar*, verbo de por sí mágico. Sobre todo si escapa de los labios de una reina.

Uno sabe que estuvo en un gran concierto cuando se mira rehén de una sonrisa que no puede quitarse de los labios. Caía la medianoche sobre las Lomas de Chapultepec cuando, aún amordazado por esa mueca idiota que acusaba la persistencia de una dicha comparable a la del pecador sin culpa, me entregué a resistir unas ansias incómodas: si el bendito sonsacador que hasta esa fiesta habíame llevado decía verdad, en cosa de minutos arribaría la reina, resignada a rozarse con caciques, logreros, cretinos, cafiches y curiosos: su corte de una noche. ¿Y si a la hora buena Liza era menos Liza de lo que presentíamos? ¿Y si llegaba custodiada en extremo, o incluso no llegaba? ¿Cómo describo el palmo de narices que llevéme cuando la vi llegar envuelta en una larga blusa negra, con sus guapotas botas abrazando las que un día se me aparecieron como las pantorrillas más urgentes del universo?

Reina es aquella que sabe menospreciar su propia majestad, y aun así jamás deja de asumirla. Sentada ante a la breve mesa que comparte con sus amigos, Liza accede una a una a las peticiones que recibe. Nada tan sencillo como acercársele y pedirle un instante de sonrisa para encajarle un cortesano *click*. Mas no se crea por ello que es fácil tener enfrente el cartucho cortado de una Nikon amiga y a un lado el aura de Liza Minnelli. Es por eso que cuando llego hasta ella no espero a que me mire. Sobreviviente de un amor temprano pero aún insepulto, no busco la correspondencia, sino sólo el momento de rendir mi tributo. Perfectamente a espaldas de la reina, deposito en el aire, un dedo y medio detrás de su cráneo, el beso que nunca antes pudo ser. Smack. Clic. Y escapo para siempre.

Mas nunca digas *nunca*, y menos *siempre*. Pasada media hora, la intempestiva llegada del mariachi púsome en dos patadas junto a ella. De pie, a mi lado, Liza profiere una palabra intraducible: *Cucurrucucú*. Apenas el mariachi, cuyas voces se lucen sin huella de humildad, arráncase con los primeros aullidos, la Sally Bowles de *Cabaret* se vuelve hacia su diestra, sonríe con la soltura que da la vitalicia soberanía y me pregunta: *¿Podrías sostener esto por mí?*

Puedo sostener lo-que-sea para ti, contraataco, súbitamente armado de una campeadora determinación, y así pesco su vaso, me le arrimo al mariachi y la acompaño: *Kookoorookookoo!* Tiempo de preguntarse: *¿Por qué no me empiné dos tonics más? ¿Dónde dejé mi vaso? ¿Y si le bajo un trago a la buena de Minnie?*

¿Es-ta-tar-de-vi-llo-ver?, suplica, no sin muchos trabajos, la dueña de la cuba que aún sostengo, y es así que me aplico un par de tragos indispensables para soplarle al mariachi la letra de Manzanero que, *Surprise!*, nadie se sabe. Guitarra en mano y teléfono al cinto, el cantante me sigue como puede, mientras Liza se esponja, se retuerce y se deja conducir por los acordes que se van disolviendo hasta transfigurarse en un nuevo e imperativo antojo: *Granada*. La reina desfallece por Agustín Lara, de modo que da un paso hacia adelante y felicita de uno en uno a los músicos (que tampoco se

saben otra del mítico antronauta) para luego volver, estirar la mano, recuperar su ya mermada cuba
y sugerirme: *¿No crees que deberíamos movernos de
aquí?*

Luego todo son fotos, autógrafos, abrazos.
Una pequeña turba de asteroides que gira en torno
suyo, al tiempo que Mohammed, sigiloso guardián,
avanza con cautela tras el tumultillo. *Tal vez vayamos mañana a Garibaldi*, me dice uno de sus *best
friends*, y hasta entonces comprendo que Liza ya se
va. ¿Qué se hace en estos casos?

¿Qué quieres que haga por ti?, pregunta, enca-
jándome sus pupilas en la aorta, la mujer que ya
todo, o casi todo, sin saberlo me ha dado, y así re-
paro: *Nothing!*, pensando que ya es hora de, por
una vez, darle algo. Pienso en canciones hondas y
le prometo dos de mis discos íntimos: *Sombras*, de
Javier Solís, y el de Chavela Vargas donde viene *Las
simples cosas*.

Yesss! Pleeeze!, se ilumina la reina, y es hasta
ese momento que me entrega lo único que le faltaba darme: un radiactivo beso en la mejilla. La tomo
de los hombros, me bebo su sonrisa y cedo a la
embriaguez de los recuerdos. Unas horas después,
dejaré en el hotel los dos discos que sellan una historia que esperó media vida para ser perfecta. Mientras, vuelvo a mi mesa, recobro el *gin and tonic* olvidado y lo muerdo muy suave, con los labios aún
presas de esa tersa hipnosis que causa en los profanos el beso de una reina.

La conexión noruega

Los amantes son eternos.
Segunda ley de Bond

No sé si te sorprendas cuando leas esto, pues no lleva tu nombre pero es sólo tuyo. Quiero decir que tuyo, más que mío, es ahora y aquí el temblor de mis dedos que golpean las letras y me traen de regreso el timbre del teléfono para que reverbere entre mis tímpanos igual que aquella tarde irrepetible. Así que llamo al bar y me pregunto por aquel camarero inoportuno mientras pido que traigan, como entonces, dos pares de martinis, con la memoria fresca y los ojos cerrados fijos en las imágenes que una tarde mojada les robé a los espejos del 401. Y es justamente aquí, en el Hotel Oslo, donde hoy me hospedo solitario y sin sentido aparente, un poco divertido y otro tanto aplastado por la evidencia de que no hay, en el imperio de los amorosos, imagen más absurda que la de un hombre solo en un motel.

Es viernes, son las diez y tú no estás conmigo. Los legítimos clandestinos no suelen verse un viernes por la noche. Pero el resto del Oslo está repleto y me basta con aguzar un poquito el oído para distinguir, más allá de esta cabecera y este muro donde me recargo para ver la pantalla sin volumen, las carcajadas de la pareja que hará, o hace, o hizo circo en el cuarto contiguo. De hecho, si no fuera por lo corpulento del recuerdo que te trae de regreso con el empeño de un oleaje nocturno, alguien dentro de mí pensaría que la pareja de junto se está riendo de mí. Porque si bien habito el reino del amor, cierto es también que soy huésped extraño. Una de las ventajas de la soledad honda es que su solo vértigo te permite jugar a ser Quevedo.

El Hotel Oslo: oasis para díscolos. Desde sus ventanales los amantes miran hacia el Viaducto, o hacia Niño Perdido, en la tranquilidad de quien, al fin amante, se piensa inalcanzable. Mientras allá, al otro lado de la avenida, o del mundo, que es lo mismo, los paseantes avanzan cautelosos, como a la espera del primer cuchillo que les arrebate sosiego, sueldo y vísceras, aquí sólo hace falta volverte hacia la cama para saber que el cielo está tan cerca que la luna te quema. O, en mi caso, para ya no dudar que aquella tarde, al tiempo que motores y autobuses crepitaban (relámpagos, chirridos, bocinazos, el *shhh* de cada llanta en el asfalto húmedo de una lluvia que ya nos envolvía sin siquiera tocarnos), en el 401 del Hotel Oslo la gloria eras tú.

No fue aquella la primera, sino la segunda vez, y eso es lo relevante del asunto, pues cuando el corazón va de por medio lo que importa no es tanto debutar como repetir. ¿Cuántas decenas de preciosísimos minutos invertimos discutiendo en el estacionamiento? ¿En qué místico instante sucumbió el deber a manos del querer? ¿Por cuál de mis razones, si es que alguna valió, aceptaste subir hasta el infierno para, en picada pasional, rozar el cielo? ¿Recuerdas el bochorno que te hinchó las mejillas cuando, a punto de cerrarse las puertas del ascensor, se abrieron de regreso para dejar entrar a otra pareja? Si el privilegio de los amorosos consiste en anular al resto de la humanidad para mirarse cósmicamente a solas, su más preciado y lujuriante miedo es el de ser de pronto descubiertos. Exhibidos. Lampareados. Proscritos. Y en un lugar como el Oslo, cuyos alrededores son la ciudad entera, la posibilidad de que se te caiga el teatrito, y con él todo el mundo, es casi tan extensa como la paranoia resultante.

Había transcurrido un par de oceánicas semanas desde la primera noche. Tiempo más que sobrado para temer que un día despertaría extraviado en las dunas de una indeseable legalidad. Quiero decir: sin ti. Por eso, cuando por fin entramos en esta habitación, cruzamos el vestíbulo y nos topamos de frente con la inmensa, portentosa cama que se alzaba cual piedra de sacrificio frente a quienes, como nosotros, se tenían tanto miedo que no podían ya renunciar al derecho a desnudarse de todas sus mentiras, quedó sólo el remedio de abrazarnos con fuerza y pretender que no habíamos visto el espejo obscenísimo que cubría de descaro la pared entera, y al que durante toda nuestra estancia sólo nos atrevimos a mirar como se observa lo que más nos atrae: de riguroso reojo, igual que la palabra que nunca se menciona o el beso que se atora entre los dientes, un escalofrío antes de reprimir el último *te quiero*.

Llamamos al *room-service* y a tu oficina. De algún modo teníamos que despedirnos de los últimos seres vivos capaces de inquietarnos —no hay mesero más esperado que el del *room service:* una vez que se vaya, los amantes verán rotas las últimas amarras a la Tierra y así zarparán solos en dirección a algún planeta ignoto donde no podrán dar un solo paso sin pisarle la cola al pudor, tropezar y

postrarse ante aquellas imágenes que de tanto so-
ñarlas se quedaron sin cuerpo—. Quiero decir que
ahora, entre los dos espejos del 401, las sombras
del crepúsculo desvistieron los ojos de la mujer con
garras y aguijones que aquella tarde fuiste para mí.

Hay, detrás de las máscaras de las mujeres
propias y decentes, un monstruo agazapado en la
negrura, unos colmillos rojos, afilados y atroces que
han resuelto exiliarte de la luz diurna para hundir-
te en un túnel tan profundo que ya no habrá misterio que no se abra cuando al fin sus colmillos se
adueñen de tu cuello y confiesen, merced a la vehemencia de su empeño, las pasiones secretas que
dormían bajo el torpe cobijo de una normalidad
tan estridente que el solo martillar de sus engranes
basta para no oír ya los rumores de las almas en
celo y los cuerpos cautivos y las manos que llenan
formularios con tal de con*vencerse* de que no pasa
nada, que el hambre de mordidas y la sed de sudores sólo son ocurrencias pasajeras, ensueños sin sentido, volátiles hormonas.

Estoy aquí, en el Oslo, presa de tantos
cláxones que el silencio se alza, la saudade se ex-
pande, los demonios se engallan y el cinescopio escupe sonrisas tan ajenas que me aguanto las ganas
de lanzarle el zapato, la lámpara, el florero. (No es
tanta la añoranza como la ansiedad, no son menos
tus ecos que el rumor silencioso de una ausencia
que se dibuja blanca entre estos muros donde, yo
no lo dudo, se guardan los secretos más valiosos del
mundo.) Mas como no es tu ausencia, sino tu chocarrera presencia la que me alebresta, el recuerdo
regresa y trepa por mis piernas una lujuria púrpura
y callada, henchida por un pleno desconocimiento

de pausa que me lleva a avistar tus piernas largas, tus rodillas sonrientes, la cara oculta y blanca de tus muslos y la sesgada, tenue cicatriz que resplandece bajo tu corva izquierda siempre que mi saliva la recorre y la preña del mismo plenilunio que habitan tus pupilas. Tus tóxicas pupilas.

Afirman los gurús de la energía que cuando una pareja se remoja en mutuas altamares, mientras una tormenta de electrones incendia la hipodermis, un encuentro latente de miradas equivale a la colisión de Marte con Mercurio, y yo revivo aquí, junto al buró, el momento en que toda tu figura saltó hacia el fondo de mis dos pupilas. Y de repente *¡ring!* ¿Cómo explicar que *¡ring!* si nadie nos conoce? Otra vez *¡ring!* y tú sólo mirando, como un multihomicida descubierto desollando a una Barbie. Levanté la bocina, paré la oreja y escuché mi nombre. ¿Te imaginas? ¡Mi nombre! Apenas confirmé, con la voz temblorosa, que yo era yo y estaba en el teléfono, la sangre se te heló, mas sucedió que entre las grutas del paréntesis mortuorio que nos tenía colgando de un mismo pavor, escuché a los arcángeles reírse de mi miedo y agradecí, con una risa estúpida, que hubiesen rescatado del suelo mi licencia…

Es posible que olvides, luego de tanto tiempo, el aire frío que golpeó tus pantorrillas al salir del hotel, mirando hacia el cemento porque había testigos, cruzar de nuevo el estacionamiento y ser interceptada por el beso que nos devolvió al mundo, la noche, el viento frío. Pero el Oslo no olvida, por eso estás aquí, por eso no te vas cuando viene el mesero y me deja el veneno en cuatro copas largas como tus pantorrillas; por eso los teclazos en mi tersa olivetti, por eso tanto ruido en la calle empapada, por eso este letrero de intensos resplandores que recibe a los prófugos del tedio cotidiano con la tibia noticia de que el alma está viva y ansiosa de otra dosis de inconsciencia. Lo cual no es sino un modo de decir que esta noche, solo pero contigo y pleno pero sin ti, te espero a medio Oslo, entre cuerpos que luchan muslo a muslo y espejos que reinventan nuestra historia, con tus ojos clavados en mis huesos y el sueño irrenunciable de apostar mi cabeza en el cadalso por ti.

Confesiones de un licántropo a sueldo

I

Érase una mujer cuyo marido faltaba constantemente a casa. Como las costumbres del farol de la calle ganaran cachaza y consistencia, la mujer cayó en la sospecha de que se había casado con un licántropo. Es decir, la clase de persona que bajo los efectos del plenilunio adquiere la apariencia física de un lobo, pero conserva la facultad perversa del raciocinio. Una tarde, mientras ambos laboraban en el campo, el hombre abandonó subrepticiamente a su esposa, quien minutos más tarde fue atacada por una bestia intempestiva. Tal vez por la taimada timidez que suele tomar posesión de ciertas criaturas nocturnas, más tardó el inocente animal en pelar los dientes que en dejarse vencer por los feroces alaridos de la mujer y emprender la fuga, llevándose entre fauces un trozo de su falda. Un rato más tarde apareció de nuevo el esposo, que apenas escuchó la historia de labios de la víctima descerrajó la carcajada más inoportuna de su vida. Según habría de repetir más tarde la turbada mujer a lo largo del juicio que terminaría por conducir a su cónyuge a la hoguera, resulta que éste, al reírse, le había dejado ver varias hilachas de la recién mordisqueada falda. Ni hablar: el marido era un licántropo.

Esta historia, que data de finales del siglo XVI, es referida por el reputado licantropólogo Karl Bartsch, que ya en 1871 arrebataba el sueño a los vieneses con relatos que, como el aquí citado, no hacían sino subrayar una verdad pesada como todos los cadalsos: lo único en verdad temible del licántropo no es su condición de lobo, sino la perniciosa naturaleza humana que lo solivianta. Asimismo, la historia del risueño chamuscado nos regala una moraleja de perenne vigencia: uno puede asustar a una mujer, abandonarla o hasta morderla, y aún así continuar gozando de su favor; lo único que jamás perdonará es que nos atrevamos a reírnos de ella. Como Bartsch sin duda lo sabía, la hoguera cumplía, recién terminado el Medioevo, varias funciones civiles de primera importancia, como la de disolver el vínculo matrimonial a flama viva —sólo en Francia, en el periodo que va de 1520 a 1630, se instruyeron más de 30 mil juicios por licantropía—. Wilde tenía razón: el divorcio se inventó en el Cielo.

II

Hace ya muchas lunas, cuando su amigo y humilde narrador no había cumplido aún los años suficientes para dejar de temer mortalmente al Hombre Lobo, uno de los asuntos más claros del mundo era que la noche se hallaba íntegramente colonizada por fantasmas y monstruos de toda forma y ralea. Así, debo reconocer que mi deseo de crecer no respondía tanto a los anhelos libertinos del fraudulento *cuando-seas-grande…*, sino concretamente a la urgencia de alcanzar el tamaño y la temeridad bastantes para enfrentarme dignamente a todos esos adefesios que, si no me apresuraba en el trance tortuoso de crecer, penetrarían una medianoche por la ventana para gruñirme, arañarme, morderme y convertirme en el niño-lobo al que mis padres tendrían que prender fuego en el jardín.

Con el paso de años, aulas y traumitas, fui más o menos integrado al mundo en que los hombres, igual que los lobos, se comen a las ovejas, pero siguen condenando al aullador nocturno a expiar su culpa original en la pira del público descrédito. Vivir de noche: tal es el delito. La civilización, del modo en que la entendemos, consiste en domeñar a los espectros de la negrura, o por lo menos volverles la espalda, y asumir la perpetua tiranía del Astro Usurpador. Hombre civilizado es aquel que a la noche la cruza entre sueños borrosos que jamás recuerda, mientras cerca de ahí, entre las espesuras del tugurio, colmilludas y peludos bailan, sudan, gozan y luchan cuerpo a cuerpo.

III

Tradicionalmente se habla de varios signos que, combinados, conducen a la cabal identificación del licántropo. Unas palmas con pelos o demasiado ásperas, una uña más crecida que las demás, el tatuaje de un cuarto creciente, la costumbre de dormir con la boca abierta o la presencia de un dedo anular inusualmente largo son algunos de los síntomas que hace cuatro siglos castigábanse con la tea o el descuartizamiento. Es más: el solo hecho de nacer durante la noche de Navidad podía bastar para dejar en el individuo el germen de fatal licantropía que más tarde o más temprano lo enviaría directo al matadero. Asimismo, se sabe que los licántropos muestran claros signos de agotamiento después de sus transformaciones, por lo cual tiéndense a dormir por innúmeras horas, a menudo marcados por heridas que jamás cicatrizarán. Cuando el corazón de un licántropo es atravesado por una bala de plata, el lobo muere, y en su lugar queda sólo la persona: herida, sorprendida y ojo: *totalmente desnuda*.

Quiero probar lo que antes jamás tuve, exige Billie Holiday desde una de las negruras más luminosas del siglo XX. Y añade: *Daría mi alma por llamarte mío*. Todos hemos estado alguna vez así: deseando demencialmente un imposible. Por ello, y por la manía que tienen nuestros monstruos de arribar de noche, sabemos que no hay como las deshoras para entregarnos a toda suerte de anhelos malsanos. Es decir, aquellos que con mayor intensidad e insistencia nos persiguen, acaso para recordarnos que la felicidad, en su gustada presentación idílica, sólo es completamente concebible desde la soledad o la desgracia. No lo dudemos: el romanticismo es una droga inventada por licántropos.

IV

¿Cómo ignorar, una vez que nos descubrimos surcando los océanos picados de la adolescencia, el llamado de todos esos monstruos que antes, mientras la menudez de nuestra talla y la persistencia de nuestras fantasías nos conservaron vulnerables a sus colmillos, jamás vinieron a mordernos, y ahora nos exigen que vayamos allá, donde la hoguera? ¿Cómo no encontrar mística entre las marquesinas repletas de nombres exóticos como marfiles de la dinastía Ming y sicalípticos cual mujer pública en privada brama? ¿Cómo hacer para, con la nariz constelada de espinillas, cruzar la cortina sucia que separa la triste calle del feliz encueradero donde, seguros estamos, hay un cuerpo que se abre a los ojos de todos? De niños, los hombres sueñan con ser bomberos: unos años más tarde lo darían todo por estar en los guantes de un ginecólogo. ¿Existe acaso noche más tibia y callada que la de la temprana adolescencia? Cuando el Hombre Lobo cesó de rondar por la ventana de la recámara, su amigo y humilde narrador descubrió que se hallaba ya en posición de desafiarlo. Gracias a eso, una noche partió hacia el burlesque.

Distan los catorce años de ser la mejor época para ejercer cabalmente la hombría. Las ninfas de tu edad andan en busca de ancianos de dieciocho, mientras las más pequeñas aún gozan jugando a las orgías entre Barbies y Kens. La noche, sin embargo, es comprensiva. Lo de menos es si los antros te niegan el acceso —lo cual no hace sino abonar mitos en su cuenta, y reservarte así un lugar más amplio en sus mazmorras— puesto que, debutante al fin, el novicio nocturno lo tiene todo por conocer, aunque por el momento le baste con pisar esas resplandecientes aceras donde suelen aglutinarse los tacones que un día fueron dorados, acaso para recordar a los mortales el verdadero significado de la Fiebre del Oro. La sola visión de una diva de banqueta permite a su sincero adorador el privilegio de temblar, trastabillar, tartamudear y, como en el poema, morir en su presencia, incluso si no se permite

consumar más proeza que la de preguntarle, tarta-
mudo: *¿Cu-cu-cu-cuánto cobras?*

V

*Una idea que no es peligrosa ni siquiera merece consi-
derarse idea*, opinó el patrón Wilde hace más de
cien años, cuando era todavía demasiado pronto
para decirle al mundo que *la mejor manera de vencer a una tentación es cediendo a ella*. Licántropo
consumado, Wilde no alcanzó la hoguera; fueron
suficientes dos años de encierro para consumirlo
en carne y ánima. Muy tarde, pues, arribó el Siglo
del Destrampe para el primer hombre-lobo de nuestra época. Y luego, a medida que las décadas pasaron, licántropos y *vamps* fueron ganando impune
fotogenia. De modo que si antes la noche fue territorio vedado, abismo insondable y, a menudo, camino corto hacia el patíbulo, el desarrollo de lo
que frívolamente llamamos *civilización* hizo por lo
menos más notoria —amén de corpulenta, chocarrera, irreductible— a la bestia nocturna que nos
habita y demanda sangre fresca. Muy razonable-
mente, por cierto.

¿Podemos en verdad vencer a nuestros monstruos? Sí, pero sólo en la medida en que les demos
el mismo trato que a las tentaciones: más vale co-
menzar la pelea doblando las manitas. Después de
todo, ¿quién nos garantiza que, luego de tantas y
tantas noches de oír ruidos extraños e imaginar su
hambriento advenimiento, el Hombre Lobo se
quedó con las puras ganas de encajarnos los colmillos? Si los catorce nos sorprenden a las puertas del

burlesque, los dieciséis rondando puticlubes y los dieciocho en lo hondo de un libro de poemas, no dudemos: la bestia nos mordió, y ahora ya no queda más
remedio que buscar a los otros de nuestra especie, aunque sea para que nos hagan la valedura de iniciarnos
en técnicas de aullido. Con el correr del odómetro,
una noche nos miraremos a mitad del tugurio y descubriremos que ya somos, como la criatura de nuestras pesadillas, animales temibles. (No nos extrañe
si, al salir del leonero y andar por la banqueta, otros
paseantes nocturnos deciden sacarnos la vuelta, cambiar de acera y esquivar al *monster*. *Mister Monster*:
yo mero.)

VI

Cuando un adolescente asiste a la primera gran cita
de negocios de su vida, es común que lo haga bajo
circunstancias traumáticas: resulta que a su inicia-
dora le sobra la grasa, le falta la fineza y le corre la
prisa. Tradicionalmente, cuando una profesional del
catre sabíase sacerdotisa de un rito de iniciación
sexual —cosa que de seguro le traería suerte— solía dar al debutante trato de privilegio. El problema es que uno a los quince años es capaz de confe-
sarse cualquier cosa, menos inexperto (mientras
otros, más vivos, alimentan su temprana vocación
de putañeros jurándole a cuanta suripanta contra-
tan, regatean o cachuchean que —pese a su notorio dominio de la *Paraguaya*, el *Doble mortal al frente*
y el circense *Chivito al Precipicio*— son todavía legítimos *quintitos*). Fue así, señoras y señoritas, como
su amigo y humilde narrador viose en el lastimero

apremio de, una vez que pisó el primer tugurio agreste, disimular, hasta desaparecerla, su penosa condición de forastero. No se trataba de ser un observador objetivo —contrasentido estridente— sino precisamente lo contrario: era indispensable acceder al vientre de la noche como subjetivísimo vividor. Revolverse. Olvidarse. Mojarse. Desplazarse, de preferencia solo y en el más confortable anonimato, ajeno por igual a extranjerías y ciudadanías, desdeñando tanto a la seguridad como a la comodidad, y así, por una noche, danzar con otra tribu, fumar en otras pipas, consagrar otros ritos, armado de la intrepidez del fugitivo y la humildad del refugiado.

¿De qué huimos cuando buscamos asilo en la penumbra? Del día, claro. Basta con que uno se decida a salir de noche para que el sol se convierta, a partir de ese momento, en el más fiero e implacable de sus enemigos: el que lo hará rajarse justo en el cenit del desvelón —cuando aquel plan siniestro estaba por cuajar, cuando la morenaza al fin se quedó sola, cuando iban a llegar *las de la casa*— o en su defecto verse orillado a volver al hogar con la moral del mormón arrepentido y el semblante del transilvano lampareado. Si no fuera por el sol, la noche sería, como el cielo y los muslos de las diosas, infinita.

VII

Cada vez que nos arrimamos al extremo correoso de la noche —un rincón de repente omnipresente donde Bien y Mal son fantasmas casuales y fieras confundibles—, descubrimos que nuestras son las prerrogativas del turista: ese anónimo perpetuo. Por ello resolvemos, si no es que *alguien* resuelve por nosotros, darnos un memorable agarrón con aquellos monstruos que a lo largo del triste pantano de la cotidianidad se habían emperrado en ocultarse. ¿Por qué esa noche hicimos lo que hicimos? ¿En qué momento caímos víctimas de una oscura y pertinaz licantropía? ¿Cuántas y qué tan execrables idioteces vociferamos luego del íntimo apagón, cuando tanto conciencia como memoria ya se habían largado a dormir la mona, mientras nosotros seguíamos tercos en sabría el diablo qué babeante necedad? Para responder a estas preguntas es preciso olvidar que alguna vez fuimos turistas de la noche, asumirnos bastardos de Afrodita y Dionisos y avanzar por la sombra en plan de aventureros. Es decir, tal como los bichos que salen a buscarse entre las sombras, nutriendo la romántica sospecha de que sólo la oscuridad del mundo sabe cómo alumbrar la desnudez del alma.

Decidí, por lo tanto, partir solo, en el convencimiento de que los miembros de mi tribu —quienes, por lo demás, carecían de la mínima intención de protagonizar una crónica del Famoso 42— no harían más que aislarme con su compañía, y ello le habría cortado las alas y las garras al animal que se aprestaba a regresar de su letargo. ¿Se trataba de hacer una guía, un álbum de reseñas, un compendio de *tips*? No, no, no. Antes que las respuestas, urgían las preguntas, y ésas, dadas las circunstancias, sólo nacerían del miedo. Pero antes que temerle a los cuchillos o a los ladrones —que ya no necesitan de la noche para hacer lo suyo—, probaba un visceral pavor al cambio. Esto es, a las consecuencias de la metamorfosis que sufre cualquier individuo sometido al influjo lunar en circunstancias permanentemente cambiantes. Del vetusto Salón Colonia al excluyente Quetzal, del Riviere al Barón Rojo, del Cantabar al Tranvía, del 33 al 14 y del Bulldog al Sarao, el trabajo de su amigo y humilde narrador consistió en mimetizarse no solamente para alcanzar el premio de la sobrevivencia; también con la misión de entrar en los zapatos de quienes en cada sitio aullaban, arañaban o mordían. Lo de menos era si compartía los gustos y las costumbres de la tribu en turno; lo que importaba era la urgencia de saltar hacia el vacío, y así, huérfano de universo y en pelota de espíritu, entender cada oficio, vicio y maleficio con azoro infantil y premura adolescente: los ingredientes básicos de la aventura.

VIII

Cuando, aún a bordo del avión, el paracaidista toma por primera vez la decisión de soltarse de pies y manos ante el vacío, es como si la vida toda quedara suspendida de la nada. Esto, que para muchos equivale a lanzarle requiebros a la muerte, significa una de las más intensas e incondicionales maneras de abrazar la vida. Cuando el tripulante del paracaídas vuelve a tocar tierra, ocurre que su arrojo satisfecho lo ha metamorfoseado en un distinto mortal. En lenguaje nocturno, a este *volado* frente a la huesuda se le llama Pacto con el Diablo. Lo cual no es más que la forma elegante de enfatizar que hemos firmado un armisticio con nuestros monstruos.

De noche por favor no quiero paz, prefiero la batalla, reza la canción-mantra de Jaime López. Por su parte, Chavela Vargas jura que dormir de noche constituye pecado mortal. Cuando el humano pacta tregua con el lobo, la consecuencia no es la paz, sino al contrario: a partir de allí, estaremos listos para saltar del aeroplano de nuestras certezas al vacío negro de lo que no sabemos si será la muerte, pero es de sospecharse que en tamaño tránsito tendrán que sucederse las altas y las bajas, y al emerger de nuevo hacia la luz —oscilantes, perdidos, vampireados, drenados del espíritu y molidos desde el cuero hasta el tuétano, como todo noctámbulo consciente del deber cumplido— nuestras serán las llagas, los quebrantos, la palidez mortuoria del licántropo. Cuando resucitemos, habrá miedos que ya no estén con nosotros.

IX

No quería ser testigo, sino cómplice. Sin credencial de prensa ni amigos en la puerta, en el más delicioso anonimato, me di a llenar la noche de preguntas y a buscar, como un día lo hiciera en el burlesque, los excesos capaces de sorprenderme, o disgustarme, o amenazarme, pero de cualquier modo: nunca dejarme inerme. Lo cual es muy sencillo de conseguir cuando se hace turismo en una cueva como el 42, cuyas jíbaras tránsfugas sobreviven al día con visa de emboscadas o apestadas, y al arribar la noche se transfiguran en princesas caprichosas cabuleras que te miran, te apuntan, te arrebatan un trago de cerveza y te premian con un salvoconducto si es que, contradiciendo a la Constitución Política de los Estados Unidos Mexicanos, te has molestado en extenderles el único título nobiliario al que toda mujer, sin excepción, tiene derecho: *Mirreina*.

Se confunde —peor todavía: se aburre— quien piensa que en tugurios como el Bombay, el Spartacus o Las Uvas el romanticismo está muerto. Como los poetas malditos muy a tiempo lo supieron, el romanticismo —virtud decididamente licantrópica— radica en la capacidad de hallar mística, misterio y hermosura justo donde los ordinarios —esto es, los que temen contaminarse, y por eso rehúyen las excepciones— sólo supieron ver lascivia, *cash* y riesgo. El romántico es romántico porque se enamora de quien no debe, donde no debe y, si es posible, cuando no puede. No hay amor más absurdo que el de un borracho a solas, y sin embargo, ¿no es cierto que su veneración incondicional —ese aristocrático desprecio por sí mismo que, como en la canción de Brel, empuja al desvalido enamorado a rogar ser la sombra del can de la mujer ansiada— le permite vivir como una religión lo que otros, más formales y sobrios, con trabajos elevan a la categoría de coqueteo?

X

De la misma forma en que no es posible seducir cabalmente a una mujer sin antes empaparse de sus ojos, el tugurio extiende sus brazos protectores sólo ante quienes se abandonan plenamente a él. El escepticismo, el instinto de preservación, y de hecho toda forma de sentido crítico, debían quedarse afuera. Era preciso caer en el sortilegio, soltar amarras y ganarse la hoguera, en la certeza práctica de que sólo el riesgo engendra la seguridad y sólo la metamorfosis asegura la permanencia. ¿Qué es lo que se modifica en la persona luego de pasarse tres años recorriendo esos tugurios a los que un día consideró demasiado siniestros, demasiado ambiguos, demasiado cándidos o demasiado peligrosos, pero siempre eso: *demasiado?* Al igual que sucede con el amor, que no se anuncia pero bien que llega, la práctica constante y variopinta de la antronáutica suele desembocar en la fragmentación de los estándares: de pronto descubrimos que nuestros viejos patrones de conducta, lenguaje y pensamiento nos son insuficientes, y con frecuencia resultan más estorbosos que un sombrero de copa en plena playa.

Conforme transcurrían las semanas y sucedíanse los asombros, la noche iba perdiendo sus misterios para volverse progresivamente amigable. ¿Dónde oíste algo así? La última vez que un cándido te aseguró que ya tenía la clave para dominar a tal o cual mujer. Como esa amante incandescente que sin pudor ni condición te abre las puertas de sus secretos para luego, en un solo desdén, devolverte a la misma canija incertidumbre, la noche le revela sus códigos al profano con la sola intención de, tan pronto como pueda, sumergirlo en la más helada extranjería. Cualquiera que haya dormido alguna vez en la calle sabe bien de lo que hablo. Súbitamente, todas las sombras que creías cómplices se diluyen hasta tomar la forma de enemigo invisible y omnipresente. Basta un beso mal dado para hacer de un mambo un blues.

XI

No hay en el mundo muchas ciudades tan permisivas como la de México. En rigor, casi todo está prohibido, lo cual quiere decir que, ¡albricias!, todo se puede hacer. Cuando se sobrevive entre veintitantos millones de animales genética y karmáticamente acostumbrados a comportarse como se les hincha el capricho, la noche se convierte en una jungla espesa donde todo ha pasado, pero también: todo está por pasar. Con la licencia chueca, prestada o maquillada, servidos por meseros que cobran doble copa de Remy Martin por cada Presidente sencillo que asestan, sin más filosofía corporativa que la de hacer equipo para desplumar giles, numerosos leoneros exceden la permisividad razonable y se saltan las leyes y protocolos de la licantropía, al extremo de envenenar al cliente con tal de arrebatarle joyas, billetes o chanclas.

Garibaldi, meca tradicional del reventón citadino, es quizás la zona de diversión y virtual tolerancia más impronosticable de la ciudad de México. Entre extorsionadores con y sin uniforme, rameras que no se andan por las ramas, meseros entendidos en sedantes, desnudistas de todos los sexos concebibles y una inconmensurable multitud de buscavidas, la plazuela caliente por excelencia cuenta con más de un santuario licantrópico. Es decir, tugurios que funcionan así en el día como en la noche, preservando al licántropo en su hábitat ideal y librándolo del suplicio de enfrentarse a las mal llamadas *horas hábiles:* brujas perversas que a la primera provocación despedazan el idilio y te devuelven a la realidad —esa desteñida región de la ficción donde el hombre se separa del lobo y la vampiresa se agazapa detrás de la mujer, en la aceptación triste de que no hay una luna que los soliviante—. Cuando uno se acomoda en una mesa del 33 y atestigua el arranque de pintoresca zoquetiza entre *vestidas*, al tiempo que en la mesa contigua una cuarteta de mariachis con párpados y labios maquillados aplaude, vocifera y hace sus apuestas, lo único sensato que puede hacerse es descender hasta el perfil más bajo de la película.

XII

Vivir de noche tiene un precio. Su amigo y humilde narrador no ha transitado impune, cuantimenos intacto, por aquellos pantanos cuya curiosa composición química ensucia para siempre los más pulcros plumajes. Igual que los licántropos, cuyas marcas y heridas nunca sanan después de la batalla, descubrí que durante el día no sólo me acompañaban unas ojeras con aires de antifaz y una lividez mortecina que sólo las luces de un *rave* podían ¿disimular? También había contraído una serie de hábitos escasamente compatibles con la cultura diurna, como el de considerar que el fin de semana comienza el martes y termina el lunes. Lo de menos es que uno se proponga levantarse temprano, comer a sus horas y, llegado el momento, frecuentar esos clubes donde el mayor peligro está en hacerle frente a la cuenta. Los cazabrujas del siglo XVI supieron muy a tiempo lo que su amigo y humilde narrador vino a desentrañar un poco demasiado tarde: quien es mordido por un hombre-lobo y vive para ocultarlo, irremediablemente se encarnará en licántropo.

Numerosos licantropólogos aseguran que la gran mayoría de las ejecuciones de hombres-lobo fueron sustentadas en los testimonios de personas que previamente habían comido pan de centeno descompuesto y cundido de hongos. Lo cual equivale a decir que los aldeanos ingirieron dosis alucinógenas muy similares a la composición del ácido lisérgico. Así las cosas, el juego de ilusiones y delusiones propio de un tremebundo pasón hizo que aquellas buenas conciencias construyeran leyendas aterradoras sobre las ruinas de su propio sentido común. Luego de muchas noches de convivir entre licántropos y comprobar que todos, sin excepción, acudían a la noche con el noble propósito de resanar el cuerpo y desnudar el alma, su amigo y humilde narrador concluye que los verdaderos pérfidos de esta historia no eran los enjuiciados, sino los honorables miembros del jurado: un macabro puñado de fanáticos que, a la hora de la hora, resultó que andaban hasta la madre.

XIII

Érase una vez un famoso licántropo alemán, que en la vida terrena respondía al apelativo de Peter Stubb. Acusado de masacrar y merendarse a sus víctimas durante veinticinco golosos años, Stubb tenía el don de huir de sus perseguidores sobre patas de lobo y regresar a ellos convertido en un honorable granjero. Una vez descubierto y cautivo, Peter Stubb fue románticamente muerto a palos en 1589, en la ciudad de Colonia. Quienes hasta la fecha seguimos su ejemplo, y entre sombras nos resistimos al temido arribo de la cruda, la eriza o la cuenta, no podemos disimular nuestra nocturna envidia.

*Encore
en el Far West*

Mala muerte, buena vida

Para los forasteros, Tijuana es ese western impresentable donde perpetuamente ganan los malos: una tierra de nadie que sonríe para dentro cada noche que propios o extraños intentan conquistarla. Los malos, sin embargo, no siempre son tan malos, y es frecuente que luego del crepúsculo tiendan a confundirse con los buenos. He ahí quizás la esencia del veneno: por malo que parezca, tiene tanto de bueno que se hace imprescindible. Nada que sea fácil de comprender sin la justa presencia de un tequila en una de las míticas mesas del Zacazonapan.

¿O sería cerveza? Basta una noche de safari por la Revolución para perder la brújula, el dinero y eventualmente la memoria, cuando no posesiones más preciadas. Tolerante al extremo del solapamiento, la avenida más temida en kilómetros y de hecho millas a la redonda resplandece con sus promesas de Última Babilonia del Far West, al tiempo que se esmera acicalándose con esas amenazas que la hacen ver guapota y pavorosa. Pues se sabe que aquí lo que más gusta es lo que más asusta, de modo que ser parte del paisaje significa asociarse a la conspiración: más que amores fugaces, uno busca complicidades duraderas, y a partir de ese guiño respira una libertad que a veces, pero nomás a veces, parece oler a pólvora.

El chiste del paisaje no es que sea violento —que en realidad no lo es, a menos que miremos hacia las patrullas cuyas luces se empeñan en afear el horizonte del beodo bullanguero— sino que *puede serlo*. Como toda Tijuana, cuyo solo prestigio de impredecible ha sido consistente imán de gringos duros, mexicanas livianas y una tupida fauna de juerguistas calificados. Situación a la cual dista de ser ajena la rocola: un monstruo con memoria de mamut que igual escupe a Bowie que a Grand Funk que a Ana Bárbara, pasando por los Pixies y José José, todo en medio de las descargas simultáneas de clímax y relax que integran al fuereño bajo una estimulante hospitalidad.

No es que todo se tenga, es que todo se puede. Y ha de ser ese sentimiento de plenipotencia el ingrediente que da al Zacazonapan —el *Gusano*, para los *habitués*— un carácter extravagantemente hogareño. No es, pues, cosa infrecuente toparse entre sus muros de sótano auspicioso con varios de los mitos de la tenebra local. Diríase, en rigor, que aquí nadie le pide nada a David Lynch. Pródigo y alcahuete a niveles que invitan al cronista más a la discreción que a los alardes, el *Gusano* tiene la facultad de expropiar al cliente antes de la tercera Corona. ¿O sería Victoria? En todo caso tengo claro que varios de los presentes bailaban, casi todos a solas, en el claro que hacía las veces de pista. O más precisamente se dejaban ir, como sobre un trapecio en lo alto del circo: la clase de escenario que hace pensar en el *Bulldog* de Amsterdam como un parque temático para crápulas *light*.

Pero cualquiera aquí sabe que el mundo no se acaba en el *Gusano*. Por el contrario, *empieza*.

Una fugaz escala en el *Kentucky Fried Buches* anuncia que el camino de la carne alternativa no ha hecho sino iniciarse. Pues una cuadra más allá se abre en toda su majestad siniestra el prestigiado Callejón Coahuila. Con todo el pavimento levantado y un mapa de trincheras pedregosas comunicando a una banqueta con la otra —acaso con la idea de poner énfasis municipal en la metáfora del mal camino— el callejón luce especialmente macabro. Esto es insuperable, ya que de sólo andar a salto de zanja en esos territorios, con el paisaje pleno de ángeles desbarrancados, no pocos de ellos con un amplio vientre asimismo afectado por la gravedad, uno siente el impulso natural de asilarse en cualquiera de los locales cuyos porteros insinúan, ruegan, chingan: *Beautiful girls inside!*

El interior, no obstante, es algo sombrío. No parece la noche de un jueves de verano lo suficientemente cálida para animar el acto de la chica que repta por la pasarela levantando uno, dos, siete dólares. Pero no los levanta, y al contrario: los patea, los pisa, los desdeña —hacia el final, un paje disfrazado de coime los alzará por ella, rescatando la dignidad de aquella diva que tal vez para entonces ya esté en un reservado de la planta alta, dejándose invadir por un admirador investido cliente—. Nada muy atractivo, finalmente, aun si existe la querendona posibilidad de pasar con la señorita al otro lado del congal y darse a practicar la *quebradita*. De regreso en la calle, uno podría creer que a las cuatro de la mañana no quedan de la juerga sino los desechos, pero no es tal el caso en estas latitudes, donde la tolerancia hace feliz mancuerna con la abundancia:

—Tengo mujeres, mota, coca, cristales, papeles, chochos, tú pide lo que quieras —murmura un espontáneo, a treinta metros de la policía que hace acto de presencia, no de intimidación.

—¿Tienes todo… de todo? —tiro el anzuelo, como regateando.

—Quien no tiene de todo, no tiene de nada —concluye sabiamente el proveedor: uno entre las decenas de *conectes* que hacen lo suyo en callejones vigilados de cerca por socios y compinches, donde la policía no parece tener la mínima oportunidad.

Podría decirse que la calle está a medias vacía, pero ello poco o nada tiene que ver con el amplio jolgorio que todavía cimbra al *Adelitas:* uno de esos leoneros encimosos de los que uno difícilmente puede librarse a buena hora, y ya se da de santos cuando logra salir y comprueba, aliviado, que todavía es de noche. Por más que las miradas predadoras del *Coagüila* contribuyan a ensombrecer el ánimo mutante del noctívago, el Adelitas hierve de ojos, muecas y guiños cariñosos. Absorbido por un gentío cálido y pegajoso, súbita presa de una onda tropical salpicada de *hits* anacronistas, no podría el recién llegado aterrizar en más blando colchón. Una tras otra y todas a la vez, las anfitrionas ponen cuanto está de su parte para mostrar al visitante no sólo su ostensible equipamiento profesional, sino también un sólido *know-how.*

Por más que su prestigio las preceda, las chicas que laboran en el Adelitas lejos están de ser como los pudibundos las pintan, pues aun rebuscando entre sus numerosos atributos, por ningún lado les encuentra lo *malas.* Uno puede olvidar la marca, el tufo y la patada del bebistrajo que ingirió, el rostro del mesero o la misma fachada del sitio donde estuvo, pero nunca los ojos de virgen del pantano que le plantó la furcia más pura y buena de este mundo. Y el problema es que en el Adelitas casi todas, y esto es decir *muchísimas*, podrían encajar en esa descripción. ¿Chicas malas? ¿Por dónde? Pues las que por decenas y docenas orbitan entre los pasillos, pistas y habitaciones del Adelitas bien podrían tomar parte en un *casting* de novicias. Juraría uno que apenas anteayer se descarriaron.

Ahora bien, que nadie se confunda: estas muchachas saben perfectamente lo que hacen, de ahí que entre sus dotes no se cuente la timidez, y todavía menos la indiferencia. Gustosas de entablar una relación firme con el cliente, sus miras están lejos de la estrechez habitual en el ramo. Como buenas depositarias naturales de miradas entronas y apetitos notorios, cada una sabe que los hombres son todos como Ulises: no hay uno que no vuelva. Hoy podrán consumir sólo cerveza; otra noche regresarán armados de los mágicos sesenta dólares que abren puertas y piernas del Adelitas, listos para inscribirse en el selecto grupo de los hombres que hicieron fila para acabar de echar a perder a estas chicas que no se cansan de ganar, aun tomando en cuenta la cantidad de colegas cuya sola competitividad vuelve tortuosa toda eliminatoria.

¿Qué significa ser *competitiva*? Más que ganar en curvas —cosa nunca segura en semejante curvódromo— las contendientes buscan entre ojos y sonrisas esa chispa de entendimiento súbito al que los entendidos nombran *clic*. De esa forma el fuereño permanece alumbrado por una realidad cuya textura onírica produce desconfianza. ¿Cuándo fue la última vez que aquel flaco pecoso de anteojos anticuados se miró perseguido por los ojos de diez, quince, cincuenta chicas dotadas de virtudes innúmeras y sólo un defectillo, por lo demás perfectamente negociable? ¿Existe alguna relación entre el apareadero donde la más hermosa tenía cuatro dientes y esta digna franquicia de Shangri-La? ¿Es cierto que hay un sitio, democráticamente frecuentado por parroquianos de todas las mañas, donde el *garçon* pone las *pastas* sobre la mesa, y en su caso los *pases*, la *cocina*, la *tecata* o las *finas yerbas*? Es inútil entrar en la noche de la Tijuana tolerante sin conceder que todo sigue siendo posible, y puede que inminente.

Todo, todas, de todo: al fin de la parranda, con el sol ya cumpliendo sus peores amenazas, uno alcanza la almohada en la ilusión de haber vencido para siempre a la nada. Cosa que, por supuesto, tendrá que refrendar no bien caiga la noche, y a los malos les toque volver a ganar.

La Sombra del *Saloon*

And the very next day,
your Friend and Humble
Narrator was a free man.

ALEX DE LARGE,
SEGÚN BURGESS & KUBRICK

Hay materias en las que no es posible arrogarse el papel de conocedor —y peor: "autoridad"— sin ganarse con ello el título de mamarracho. Materias que no quieren ser estudiadas, pues su naturaleza es tan voluble como los apetitos de una santa inconstante. Materias que no entienden de virtud, rigor o contención, toda vez que lo suyo es el relajamiento, el derroche, el exceso; situaciones al cabo de las cuales se es, con suerte, un sobreviviente, nunca un experto. Mientras dura la estrella, nada hay tan excitante como celebrarla desde el azoro tímido de la inexperiencia. ¿Quién, que ya haya escuchado el aullido del instinto, querrá atender a los dictados de la razón? Si he de elegir, al fin, entre ser un experto en sexología o un púber que lo ignora todo menos sus calentonas supersticiones, me quedo con aquel adolescente que soñaba con *gangbangs* y ninfómanas entre las florecidas hojas de un *Penthouse*. Permítaseme, pues, antes de penetrar por el pasillo del último tugurio, regresar unos años hasta el estante donde reúno fuerzas para alcanzar la caja y pagar por las dos revistas que en los próximos días me quitarán el sueño…

Flashback: *Deben de ser las doce del día en San Francisco. Estoy solo en el Woolworth, mis padres me han juzgado lo bastante maduro para esperarlos dos, tres horas aquí, sin más supervisión que mi conciencia. En otra circunstancia ya estaría aburridísimo, pero el operativo de hoy me tiene con las articulaciones tensas y las vísceras batientes: se trata de comprar un* Penthouse *y un* Playboy, *deshojarlos a solas en el baño del Woolworth y correr al hotel, a tres cuadras de aquí, donde habré de esconder las hojas importantes entre mi equipaje.*

No creo necesario subrayar el carácter candente de esta primavera. Entre tiendas de sexo, bares topless *y* bottomless *y estanterías hirvientes de entrepierna, la ciudad resplandece como un apasionante menú de cochinadas para quien, como yo, no posee más experiencia que su imaginería. Cada vez que mis padres me sueltan —así sea para ir a la esquina por unas Coca-Colas— encuentro alguna forma de lujuriar. A media cuadra del hotel, por ejemplo, una cortina de terciopelo cubre irregularmente el espectáculo —nonstop, thank God— de unas místicas* totally nude girls *que trato de fisgar de refilón cada vez que un cliente descorre la cortina. ¿Qué puede hacer la fuerza de los vientos que llegan tumultuosos de la bahía sino avivar la llama del antojo, aun y sobre todo si éste es prácticamente insaciable? Sé que volveré virgen de este viaje: he ahí la extraña ventaja de mi inexperiencia. Es posible que atrás de la cortina del deseo no haya más que maniáticos tediosos, borrachos impotentes y encueratrices monotemáticas, pero eso no hay siquiera quien me lo cuente. Y al final, si de contar se trata, he reunido una cantidad de imágenes y anécdotas sufi-*

ciente para que mis amigos de la cuadra beban de mis palabras como de los apuntes de un connoisseur.

Catorce años: hace cuatro me daba pavor pensar en el Infierno, hace menos de dos todavía cursaba la primaria, hace un mes recibí un par de regalos por el día del niño; mis nuevos apetitos son tan lícitos como un kilo de coca en la maleta. De hecho, creo que me avergonzaría más ser atrapado por mis padres contrabandeando porno. ¿Serviría de algo aducir que como mexicano padezco el desabasto impuesto por la censura, enemiga fanática del desnudo integral? ¿Qué diría mi madre, que en el cine se encarga de distraerme cuando una actriz amaga con quitarse el sostén? A la hora de cruzar la aduana, el oficial levanta los siete discos LP donde se oculta el material incendiario y me los pone amablemente en las manos, mientras ambas rodillas se me doblan de tanto hacer esfuerzos por no temblar. Camino de la casa, ya repuesto del rush *de adrenalina, concluiré que soy una porquería de persona, pero al cabo un degenerado anónimo. Hundiré la nariz entre* pets *y* playmates *con furor de ninfómana adicta a los* gang-bangs, *solapado por esta cara de niño bueno que me libra de toda suspicacia.*

No hay que ser un conocedor para advertir que allí, en el recuerdo vivo de las ninfas en cueros tras la cortina, se asomaba ya el virus del trasnochador a ultranza que años después, entre las tierras áridas del universo adulto, me lanzaría a un safari solitario con ansias más románticas que carnales. Vamos, pues, no es que esté con las bolas en una hielera, pero en aquellos tiempos habría embarazado a una muñeca inflable, y hoy encuentro que en ciertas circunstancias los cojones —debidamente ocultos, no hay para qué jactarse— no son ya buenos para preservar la especie, sino de menos el puro pellejo. Tal fue la idea fija que me llevó de parranda en parranda por la noche escarpada de *Mexico City*, hasta desembarcar en un libro de crónicas donde la práctica indiscriminada de la antronáutica tendría que conducir al narrador —humilde a la manera del sobreviviente, amigable como un compinche en fuga— a recrearse en las mieles de la licantropía virtual, y cualquier noche de éstas descubrirse eructando *Caperuza a la tártara*.

Durante las alebrestadas lunas que duró la dichosa expedición, gané entre mis amigos la fama de noctámbulo irredento, y ello dio a algunos la coartada ideal para llevarse al bosque a la Caperucita en turno, alegando ante sus esposas, novias o entenadas que irían de farra conmigo, y por tanto quién sabe a qué horas volverían. Así colaboré, sin tener que poner un pie en la calle, en una tercia de divorcios formales y un número indeterminado de rompimientos y fracturas, en cuyo curso nunca fui considerado un amigo, sino justo lo opuesto: un *amigote*. ¿Cómo explicar a tan atribuladas féminas que mientras el irresponsable aquél se lanzaba a un pantano de vicio y desenfreno, su amigo y humilde narrador limitábase a cumplir con su deber de camarada, consistente exclusivamente en callarse la boca? ¿Quién le aclara al amigo cazador que el lobo despertó con hambre de contar? ¿En qué leonero infecto aprendí esa cursilería calentona: *fémina*?

Una noche, *su amigo y humilde narrador*, ese golfo sobrado de coartadas al que me había sacado de la manga para salir de noche en busca de aventura, tomó la decisión de desaparecer, por las mismas razones que le habían dado vida. Pues había detrás una aventura más incierta, intensa y duradera: desde antes de salir y hasta varios días después de la parranda, no pensaba sino en contar la historia de esa noche. Hablaba con amigos, medía sus reacciones, disfrutaba esos días de comezón como quien va fraguando una fechoría. Con el paso de algunos centenares de juergas, la aventura importante estaba concluida. Pretender continuarla significaba dar un salto indeseable, quién sabría si mortal, de la antronáutica a la antrología. ¿Renunciar a las fechorías para investirme en autoridad? ¿Bajarme del banquillo de los acusados para ocupar el sitio del fiscal, el juez, el defensor? ¿Volverme un intachable, consagrar, pontificar ante cincuenta chatos iguales a mí? ¿Enseñarme a ceñir coronas y perdonar vidas? Permítanme, mis cuates, persignarme. Líbreme Dios de estar al otro lado del confesionario. Para cuando el proyecto *Luna llena en las rocas* terminó, en la conciencia de su amigo y humilde narrador resonaban los ecos de una súplica íntima: *Sáquenme de este personaje…*

La noche tiene dos grandes ventajas: nos oculta del mundo y nos oculta al mundo. Ambas prerrogativas permiten al noctámbulo proyectar *su* película sobre la realidad, de modo que el balance entre subjetivo y objetivo soporta un ancho rango de proporciones. Si de día todos vemos lo que vemos, la noche nos faculta para ver solamente lo que deseamos, no pocas veces tal como lo hemos soñado. Hay algo de sonámbulo en cada noctámbulo, pues mientras los demás se postran en la cama a soñar con la vida, el desvelado sale a combatir porque teme que de otro modo nunca conseguirá vivir sus sueños. De noche uno se atreve a prometer o suplicar cosas que al día siguiente le sonarán absurdas; porque al fin día y noche son mundos diferentes, y eso lo sabe no tanto el pensador que saca conclusiones contemplando el anochecer, sino el crápula que padece en cuerpo y karma el arribo maldito de la claridad. Noctámbulo es aquel que eligió ser murciélago antes que gorrión: enemigo jurado del alba.

(Esta noche, a diferencia de casi todas las otras, no me he propuesto hacer crónica alguna, pero dentro de un rato la crónica se irá escribiendo sola. Como si en cada cuarto y en cada mirada, indiferente o no, hubiese parrafadas apremiantes: *Anda, escríbeme, cuenta lo que sientes. ¿Yo?*, me asusto, *¡pero si yo ni salgo en ese libro!*)

A falta de un amigo y humilde narrador dispuesto a recorrer la noche calentándome el coco en las llamas voraces del sentimiento romántico —hasta donde recuerdo, el *amigo y humilde narrador* era enamoradizo y caballeresco: puta combinación, donde las haya— he salido a pelear con los fantasmas de la noche de Frisco, alimentando un apetito necio y desalmado: descubrir, ya entrado el siglo XXI, qué exactamente había detrás de esa cortina de terciopelo.

Me he hospedado en el mismo hotel de entonces: San Francisco Hilton & Tower, a unos pasos de Market, que según mis recuerdos es donde estaba Woolworth. Sólo que a diferencia de los Woolworths, que con los años se convirtieron en tiendas de rompe-y-rasga, Market se está volviendo una avenida *fancy*. Sus mismos pornotemplos, esparcidos en sólo un par de cuadras, están lejos de asemejarse a los que un día encendieron mi imaginación. Motivos más que buenos para ir tras el recuerdo del exceso anhelado no en el sitio preciso de su procedencia, sino donde podría hallarse su destino. ¿Qué clase de cotarro lúbrico e insalubre podría violentar los esquemas y acelerar la hormona de quien se halla *tan* lejos de tener catorce años? Luego de una sesuda investigación por las inmediaciones de Haight Ashbury, llegué a una conclusión emocionante: no parece existir en este pueblo más candente franquicia del Infierno que el Power Exchange.

Flashback: *Uno sabe que ya dejó de ser niño cuando la mayor parte de sus temores se torna improcedente. Antes de los doce años, por ejemplo, a uno suele aterrarle la posibilidad de atender al llamado de un extraño, especialmente si éste tiene mala pinta. No quiero decir con esto que la chica que ayer por la tarde me llamó con el índice derecho, sonriendo desde el lado opuesto de la calle, fuese fea, violenta o tuviese un aspecto patibulario, pero me queda claro que mi madre preferiría verme asaltando un banco. ¿Que podría temer, al cabo, con cinco pinchurrientos dólares en la bolsa y sólo diez minutos de margen para volver al hotel? No obstante, siento miedo. Con la vista clavada en el asfalto, vuelvo sobre mis pasos y regreso al hotel, sólo para toparme con la sorpresa inquisitiva de mis padres: ¿Y las Coca-Colas?*
 A la tarde siguiente vuelvo a salir. Me he pasado tres cuartos de noche en vela dándole vueltas al asunto. Si la chica realmente me llamó, tendrá quizás algo importante que decirme. Alguna informa-

ción que a mi vez yo tendría que valorar, pues si con una seña pierdo el sueño, habría que ver el efecto de una frase, un beso en la mejilla, un piquete de ombligo: sucesos improbables que a mis ojos aparecen orgiásticos. Cuando alcanzo la calle, voy resuelto a enfrentar el desafío de hablar con una desnudatrix *a las puertas de un desplumadero. No digo que Alcatraz, Sausalito, China Town y Fisherman's Wharf me parezcan en sí poco interesantes, pero los solos muslos de aquella señorita, ubicada precisamente en la abertura de la cortina de terciopelo, eran ya un parque de atracciones inenarrable, del cual seguramente volvería marcado por recuerdos vitalicios —aun sin haberles puesto una mano encima—. Cosas que a uno difícilmente le pasan en Disneylandia. ¿O es que hay quienes se gasten la noche masticando deseo luego de un par de vueltas en el Matternhorn? ¿Cómo no emborracharse de lascivia luego de fantasear con las infinitas posibilidades que aguardaban detrás de La Cortina? Lo peliagudo no es que le haya perdido el miedo al Infierno, sino que lo dé todo por entrar en él.*

Aquí tendría que empezar a describir cada una de las cosas que la mujer de la cortina me enseñó a hacer, no bien accedí a acompañarla al sótano y entramos en… ¿dónde? En ningún lado, claro. Volví tarde tras tarde, pero la chica nunca más se asomó. Tampoco hubo un buen samaritano que se dignara abrir la cortina por mí. No quedó otro remedio que ceñirme a mis humildes recursos, que eran los de la estricta fantasía. Muchos años más tarde, cruzo Market y Mission hasta llegar a Otis, a orillas del temido Tenderloin, donde se avista ya la entrada del

Power Exchange: una puerta entreabierta, sin anuncios, apenas alumbrada por la luz interior, y adentro una escalera hacia arriba... No pretendo mirar lo nunca visto, sino quizás, con suerte, lo siempre imaginado.

Uno empieza a entender de qué se trata el Power Exchange cuando se enfrenta a los precios de entrada: hombres solos vestidos, setenta y cinco dólares; parejas, treinta; hombres solos envueltos en una toalla (cortesía de la casa), quince; mujeres y travestis, gratis. La idea, pues, consiste en recompensar el entusiasmo participativo de los asistentes. Con la cara a medio caer de la vergüenza, pago el precio más alto y me resigno a ser un mirón despreciable. Pero al fin mirón cómodo, por eso puedo entrar como en mi casa, doy vuelta a la derecha en la primera puerta con un desparpajo virtualmente playero y me topo con un breve tumulto. Cuento seis hombres, la mitad vestidos, encaramados en una mujer ancha —pesará unos noventa kilos, cuando menos— con la cabeza blanca y la piel floja, totalmente desnuda. Los hombres la acarician, la besuquean, la cubren de saliva y no sólo eso, mientras ella se deja conducir con los ojos cerrados y unos pujidos levemente escalofriantes. De no estar donde estamos, pensaría que se la comen viva, pero hasta donde sé las reglas del lugar no permiten la antropofagia. Sacudo la cabeza, doy dos pasos atrás, media vuelta y emprendo retirada táctica. Por mera precaución, trato de emplear al mínimo la reversa.

¿Alguien habría creído que en el Reino de las Tinieblas no se conoce el alcohol? Pues tal cual, mis amigos. De pronto tiene uno que soplarse tamaños escenones y no hay un compasivo *drink* que le acompañe, así sea para darle un ligero aflojón de coyunturas. ¿Cómo hace aquí la gente para ponerse floja, por ejemplo? A ver, aquel pelado de la esquina, que está tendido en el sofá frente al monitor, ¿cómo ha hecho para alcanzar la levedad precisa para bajarse pantalones y calzones y estarse jaloneando de esa forma delante de la concurrencia en pleno? Pues he ahí la naturaleza del Infierno, donde a los condenados se les afloja a base de calor. ¿Es acaso mal visto que una dama haga uso del abanico en un sitio público? Pues algo similar hacen los asistentes más osados del Power Exchange cada vez que se muestran en posturas y actos comprometedores: no es que pretendan calentarse más, sino que ya un soplete les quema las entrañas y ellos no han encontrado forma mejor de abanicarse.

Los mirones son de palo, asegura el proverbio, seguramente porque quien lo acuñó no alcanzó a frecuentar el Power Exchange. El solo hecho de mirar, como el de reír, implica ya una participación activa en el juego. Mirar es enterarse, juzgar, acreditar, desear, y eso lo saben las mujeres que llegan en pareja, casi siempre abrazadas del galán pero ya con los ojos juguetones, divertidos de sólo saberse aquí, donde los hombres se masturban en cualquier pasillo y a la menor provocación, no pocas veces desatando el fuego cruzado: una escena que cobra su entero valor cuando el mirón se centra en los ojos de la mirona y encuentra en ellos un incendio expansivo. En el Power Exchange lo que importa no es lo que pasa, pues pasa casi todo lo imaginable, sino lo que uno elige entre el menú. Aquí la tolerancia consiste en concentrarse en la doncella que se estremece por las caricias de sus dos garañones y prestar oídos sordos al venerable anciano que no cesa de piropear los atributos de un adolescente que se abanica como quien acuchilla a un león.

Las estancias abundan, a uno y otro lado, arriba, abajo y más abajo, entre luces no siempre tenues y monitores llenos de imágenes aburridísimas. ¿Quién va a perder el tiempo viendo películas porno en el Power Exchange? Se ilusionan de más, sin embargo, los que creen que las innumerables escenas que se miran aquí son en sí seductoras, pues de entrada no tienen más efectos especiales que los del propio azoro, amén de otras carencias que comienzan desde el mismo reparto y suelen ubicar estas funciones en el gustado género del pornoterror. No dudo, por ejemplo, que aquella parejita de gordos la esté pasando bomba en el rincón, pero no bien me integro a los mirones que se fuman la escena, escucho a la robusta gomorrita exaltar la dureza de su hombre con voz ronca y sarcástica…

—*This man is hard!* —luego una carcajada, y de ahí a cultivar la tradición oral.

Los labios de la chica suenan como ventosas que retumban en medio del silencio imperante. Tal vez se escuche música allá al fondo, pero en este rincón la densidad es tal que no se oye otra cosa que el runrún de jadeos acompasados y la perturbadora ventosa, a los cuales de pronto se une un golpe de tacones: un señor que a todas luces entró sin pagar un centavo se acomoda el vestido y se pone en cuclillas, listo para ofrecer a la gordita apoyo solidario. Y ella, que por su aspecto y el timbre de su voz bien podría haber hecho carrera cantando en las iglesias de Harlem, está lejos de repudiar el apoyo espontáneo. Un segundo después, son ya cuatro las rodillas plantadas sobre el piso, a diestra y a siniestra del gordo *hard* que se limita a echar los ojos hacia el techo, como quien busca la comprensión divina. ¿Cómo culpar ahora al calvo encorvado que le alza el vestidito al de los tacones y mete la cabeza sabrá el diablo dónde? ¿Quién le explica al buen hombre que los mirones tendrían que ser de palo?

Siempre había soñado con meter las narices al interior de un *saloon*, si bien me intimidaban los tiroteos. Y no era para menos: aquí la retaguardia se cotiza en centavos. Cuando los dos gorditos se pierden de la mano por el pasillo, el calvo y el de los tacones hacen lo propio y toman el camino de la *suite:* un tapanco que alberga a las parejas de una en una, desde hace rato patrullado por un centinela que no cesa de abrirse y bajarse la bragueta, sobre todo cuando alguien —hombre, mujer, no importa— pasa cerca y escucha su propuesta…

—*Wanna get nasty?*

¿Qué si me da la gana ponerme cómo? Mierda, ¿alguien podría venderme quince dólares más de tolerancia? En fin, estoy en el Infierno. ¿A qué va uno a los sótanos teológicos del Universo, sino a ponerse *nasty?* ¿No soñé alguna vez con orgías tumultuosas aconteciendo atrás de *cierta* cortina, a seis o siete cuadras de aquí? Pues sí, pero hice trampa: cada una de aquellas fantasías desbordaba trucos técnicos y efectos especiales, propios de una cabeza que aún no distinguía un RSVP de un VSOP. Me imagino a mí mismo, con catorce años y la vista clavada en estas líneas, esperando el momento en que el narrador vaya por la toallita, obtenga un

merecido *60 dollars refund* y se lance a las llamas a calzón quitado. ¿Qué puedo hacer, señores, por ese iluso contrabandista de *pets* y *playmates* en cuyo coco ni siquiera cabe la posibilidad de unas nalgas perfectamente maquilladas? Lo único que la experiencia dicta en estos casos: agarrar el sombrero, inclinarse un poquito, pero no más que eso, ante las damas presentes e ir de inmediato en busca del corcel.

Quiero pensar que no vi lo que vi, o mejor: que lo que vi era idéntico a lo que imaginé. Creo, no obstante, que faltó producción. Maquillaje, intercortes, música incidental... Cosas que abundan sólo cuando no está allí la experiencia para joderlas. Acelero por Market, Van Ness, Lombard, Richardson, y se aparece El Puente. Recuerdo lo que un día me contó un taxista: los suicidas que saltan desde el Golden Gate lo hacen siempre mirando hacia las luces de la ciudad, nunca hacia la negrura. Una vez en la orilla del puente, me detengo y espero a que baje el pasajero, que murmura un adiós alcoholizado y se va caminando a mis espaldas. De pie, a solas, mirando a la ciudad, el amigo y humilde narrador toma aire, se sonríe, le da el último trago al martini y salta hacia el vacío, en la esperanza ciega de despertar mañana mismo en el Infierno.

Lo dicho: *A cada puta le llega su botellazo.*

San Francisco, California,
verano de 2005

Luna llena en la rocas se terminó de imprimir en noviembre de 2005, en Litográfica Ingramex, S.A. de C.V. Centeno 162, Col. Granjas Esmeralda, C.P. 09810, México, D.F. Composición tipógrafica: Sergio Gutiérrez. Cuidado de la edición: Ramón Córdoba. Corrección: Lilia Granados y César Silva.

Certificado No. 02-2082